Fundamentos da Auditoria

A auditoria das demonstrações financeiras em um contexto global

www.saraivauni.com.br

Fundamentos da Auditoria

A auditoria das demonstrações financeiras em um contexto global

Editora Saraiva

Editora Saraiva

Rua Henrique Schaumann, 270
Pinheiros – São Paulo – SP – CEP: 05413-010
Fone PABX: (11) 3613-3000 • Fax: (11) 3611-3308
Televendas: (11) 3613-3344 • Fax vendas: (11) 3268-3268
Site: http://www.saraivauni.com.br

Filiais

AMAZONAS/RONDÔNIA/RORAIMA/ACRE
Rua Costa Azevedo, 56 – Centro
Fone/Fax: (92) 3633-4227 / 3633-4782 – Manaus

BAHIA/SERGIPE
Rua Agripino Dórea, 23 – Brotas
Fone: (71) 3381-5854 / 3381-5895 / 3381-0959 – Salvador

BAURU/SÃO PAULO (sala dos professores)
Rua Monsenhor Claro, 2-55/2-57 – Centro
Fone: (14) 3234-5643 – 3234-7401 – Bauru

CAMPINAS/SÃO PAULO (sala dos professores)
Rua Camargo Pimentel, 660 – Jd. Guanabara
Fone: (19) 3243-8004 / 3243-8259 – Campinas

CEARÁ/PIAUÍ/MARANHÃO
Av. Filomeno Gomes, 670 – Jacarecanga
Fone: (85) 3238-2323 / 3238-1331 – Fortaleza

DISTRITO FEDERAL
SIA/SUL Trecho 2, Lote 850 – Setor de Indústria e Abastecimento
Fone: (61) 3344-2920 / 3344-2951 / 3344-1709 – Brasília

GOIÁS/TOCANTINS
Av. Independência, 5330 – Setor Aeroporto
Fone: (62) 3225-2882 / 3212-2806 / 3224-3016 – Goiânia

MATO GROSSO DO SUL/MATO GROSSO
Rua 14 de Julho, 3148 – Centro
Fone: (67) 3382-3682 / 3382-0112 – Campo Grande

MINAS GERAIS
Rua Além Paraíba, 449 – Lagoinha
Fone: (31) 3429-8300 – Belo Horizonte

PARÁ/AMAPÁ
Travessa Apinagés, 186 – Batista Campos
Fone: (91) 3222-9034 / 3224-9038 / 3241-0499 – Belém

PARANÁ/SANTA CATARINA
Rua Conselheiro Laurindo, 2895 – Prado Velho
Fone: (41) 3332-4894 – Curitiba

PERNAMBUCO/ ALAGOAS/ PARAÍBA/ R. G. DO NORTE
Rua Corredor do Bispo, 185 – Boa Vista
Fone: (81) 3421-4246 / 3421-4510 – Recife

RIBEIRÃO PRETO/SÃO PAULO
Av. Francisco Junqueira, 1255 – Centro
Fone: (16) 3610-5843 / 3610-8284 – Ribeirão Preto

RIO DE JANEIRO/ESPÍRITO SANTO
Rua Visconde de Santa Isabel, 113 a 119 – Vila Isabel
Fone: (21) 2577-9494 / 2577-8867 / 2577-9565 – Rio de Janeiro

RIO GRANDE DO SUL
Av. A. J. Renner, 231 – Farrapos
Fone: (51) 3371- 4001 / 3371-1467 / 3371-1567 – Porto Alegre

SÃO JOSÉ DO RIO PRETO/SÃO PAULO (sala dos professores)
Av. Brig. Faria Lima, 6363 – Rio Preto Shopping Center – V. São José
Fone: (17) 3227-3819 / 3227-0982 / 3227-5249 – São José do Rio Preto

SÃO JOSÉ DOS CAMPOS/SÃO PAULO (sala dos professores)
Rua Santa Luzia, 106 – Jd. Santa Madalena
Fone: (12) 3921-0732 – São José dos Campos

SÃO PAULO
Av. Antártica, 92 – Barra Funda
Fone PABX: (11) 3613-3666 – São Paulo

303.961.001.001

ISBN 978-85-02-16337-9

CIP-BRASIL. CATALOGAÇÃO NA FONTE
SINDICATO NACIONAL DOS EDITORES DE LIVROS, RJ.

A687f

Araújo, Inaldo da Paixão Santos,
Fundamentos da auditoria : a auditoria das demonstrações financeiras em um contexto global / Inaldo da Paixão Santos Araújo, Daniel Gomes Arruda. – São Paulo : Saraiva, 2012.

Inclui bibliografia
ISBN 978-85-02-16337-9

1. Auditoria. 2. Contabilidade. I. Arruda, Daniel Gomes. III. Título.

12-2141 CDD: 657.45
CDU: 657.6

Direção editorial	Flávia Alves Bravin
Coordenação editorial	Alessandra Marítimo Borges Ana Paula Matos Gisele Folha Mós Juliana Rodrigues de Queiroz Rita de Cássia da Silva
Produção editorial	Daniela Nogueira Secondo Rosana Peroni Fazolari
Marketing editorial	Nathalia Setrini Luiz
Suporte editorial	Najla Cruz Silva
Arte, produção e capa	ERJ Composição Editorial
Produção gráfica	Liliane Cristina Gomes
Impressão e acabamento	Prol Editora Gráfica

Contato com o editorial
editorialuniversitario@editorasaraiva.com.br

SOBRE OS AUTORES

Inaldo da Paixão Santos Araújo é mestre em Contabilidade; pós-graduado em Auditoria Contábil, em Auditoria Governamental, em Administração para Auditores Públicos e em Metodologia e Didática para o Ensino Superior; bacharel em Contabilidade.

É professor das disciplinas Contabilidade, Contabilidade Pública e Auditoria, em cursos de pós-graduação de universidades públicas e privadas e de cursos preparatórios para concursos públicos. Auditor concursado do Tribunal de Contas do Estado da Bahia há vinte e cinco anos, ocupou os cargos de supervisor e coordenador de controle externo. Atualmente, exerce a função de substituto de conselheiro.

Contato com o autor:
inaldopaixao@editorasaraiva.com.br

Daniel Gomes Arruda é mestre em Contabilidade; pós-graduado em Gestão Organizacional Pública; bacharel em Contabilidade.

É professor das disciplinas Auditoria, Orçamento e Contabilidade Pública, em cursos de pós-graduação de universidades públicas e privadas. Perito Criminal/Contábil pela Academia Nacional de Polícia (ANP/DPF) e Analista de Controle Externo concursado do Tribunal de Contas do Estado da Bahia há vinte e dois anos, onde ocupou cargo de supervisor.

Contato com o autor:
arruda@editorasaraiva.com.br

APRESENTAÇÃO

A Auditoria Independente de Demonstrações Financeiras, também denominada Auditoria Independente de Informações Financeiras Históricas, ou, simplesmente, Auditoria Contábil, objetiva, após a aplicação de procedimentos pautados em normas profissionais reconhecidas, expressar uma opinião materializada no relatório do auditor independente (relatório) sobre se as demonstrações financeiras para fins gerais ou específicos foram elaboradas de acordo com uma estrutura de relatórios financeiros adequada, que, em resumo, abarca as práticas contábeis adotadas no Brasil, os Princípios de Contabilidade (PCs), as Normas Brasileiras de Contabilidade (NBCs) e a legislação pertinente.

Apesar de sua regulamentação ter sido iniciada no País na década de 1960, em face das exigências do mercado financeiro e de capitais, nos últimos anos, essa atividade tem sofrido amplo processo de revisão de sua estrutura normativa, em decorrência de aprovações de diversas Normas Brasileiras de Contabilidade Técnicas e Profissionais relacionadas à atividade auditorial, pelo Conselho Federal de Contabilidade (CFC), em razão do processo de convergência aos padrões internacionais de contabilidade e de auditoria.

Conforme site do CFC na rede mundial de computadores (Internet), as Normas Brasileiras de Contabilidade, vigentes, classificam-se em dois grandes grupos: Normas Profissionais (NBC P) e Normas Técnicas (NBC T).

As Normas Brasileiras de Contabilidade Profissionais (NBC P) definem regras de exercício profissional e classificam-se em:

- Geral (NBC PG);
- do Auditor Independente (NBC PA);
- do Auditor Interno (NBC PI);
- do Perito (NBC PP).

As Normas Brasileiras de Contabilidade Técnicas (NBC T) definem conceitos doutrinários, regras e procedimentos aplicados de Contabilidade e classificam-se em:

- Geral (NBC TG);
- do Setor Público (NBC TSP);
- de Auditoria Independente de Informação Contábil Histórica (NBC TA);
- de Revisão de Informação Contábil Histórica (NBC TR);
- de Asseguração de Informação Não Histórica (NBC TO);
- de Serviço Correlato (NBC TSC);
- de Auditoria Interna (NBC TI);
- de Perícia (NBC TP);
- de Auditoria Governamental (NBC TAG).

Em face do caráter introdutório deste livro, será dada ênfase apenas às Normas Profissionais do Auditor Independente (NBC PA) e às Normas Técnicas de Auditoria Independente de Informação Contábil Histórica (NBC TA); contudo, para uma perfeita compreensão do arcabouço normativo da contabilidade e da auditoria no Brasil, recomenda-se aos interessados a leitura de todo o conteúdo das Normas Brasileiras de Contabilidade.

Como o tema auditoria tem sido objeto de diversos concursos da carreira fiscal — receitas federal, estadual e municipais; Instituto Nacional do Seguro Social (INSS) e sistema tribunais de contas —, torna-se oportuno um trabalho que, além dos preceitos normativos emanados pelo CFC até 31 de dezembro de 2011, discorra de forma objetiva e clara sobre a contextualização da atividade auditorial e sua importância para uma visão justa das demonstrações financeiras.

Fiel a essa premissa, este trabalho, de caráter, como dito, introdutório, intenciona: mostrar os principais conceitos da Auditoria Independente de Demonstrações Financeiras, também denominada Auditoria Independente de Informações Financeiras Históricas, ou, simplesmente, Auditoria Contábil; apresentar as normas vigentes do CFC que regulamentam a matéria, de forma sintetizada, adaptadas ou, em alguns momentos, integralmente reproduzidas; e detalhar todo o processo de planejamento, execução e relatório, constituindo-se em uma valiosa ferramenta de estudo para aqueles que desejam ingressar na atividade profissional de auditoria, na carreira de fiscalização do Estado, bem como para os estudantes de Contabilidade, para os contadores que se submeterão aos exames de suficiência, e para os demais profissionais que almejam rever os conceitos basilares da atividade de auditoria.

Objetivando facilitar o processo de aprendizagem, cada capítulo é complementado com questões objetivas devidamente gabaritadas, disponível para consulta no site:www.saraivauni.com.br, incluindo aquelas que foram objeto de provas de concursos públicos correlatos.

PREFÁCIO

O homem tem uma natureza gregária e, por isso, a evolução do conhecimento humano está relacionada a essa característica. Sendo assim, o saber individual é compartilhado com outros, que, por sua vez, se apoderam dele para somar outros conhecimentos, e é dessa maneira que se processa a evolução da ciência. Isaac Newton, no fim da sua vida, proferiu a seguinte frase: "Se fui capaz de ver mais longe, é porque me apoiei em ombros de gigantes". Referia-se a gigantes, falando dos pensadores que vieram antes dele, de cuja fonte bebeu.

À semelhança das outras ciências, a Contabilidade teve suas origens quando o homem necessitou controlar seus pertences e, ao longo dos séculos, as ações humanas sobre a natureza tornaram-se cada vez mais intensas e complexas, concorrendo para aumentar e diversificar os recursos à sua disposição, requerendo a formação de arranjos institucionais que hoje denominamos de empresas, associações, sociedades, entidades e outros, ou seja, células sociais. Tal complexidade passou a exigir cada vez mais a ação da Ciência Contábil, que provê instrumentos para o controle da riqueza vinculada a esses empreendimentos. O sociólogo Otávio Ianni apresenta o desafio que o mundo globalizado do século XXI representa para as ciências sociais, pois precisam "pensar o mundo como uma sociedade global".

Sendo uma ciência social, a Contabilidade tornou-se a linguagem do mundo dos negócios sem fronteiras. Esse mundo que agrega e processa grandes riquezas, necessitou de padronização universal que possibilitasse o fácil entendimento das demonstrações contábeis, também conhecidas como demonstrações ou relatórios financeiros. A universalização da linguagem contábil não poderia tomar outro rumo e começou a ser ajustada com a adoção, por vários países, entre eles o Brasil, das Normas Internacionais de Relatórios Financeiros, ou simplesmente IFRS, sigla em inglês, editadas pelo International Accounting Standards Board (IASB). Coube ao Conselho Federal de Contabilidade (CFC), juntamente com outros entes nacionais, a missão da conversão das normas contábeis brasileiras aos padrões internacionais, ou universais.

Nesse diapasão, a Auditoria Contábil, no Brasil, também foi objeto de reformulação normativa com base nos padrões estabelecidos pelo Conselho Federal de Contabilidade (CFC), na condição de membro associado da International Federation of Accounting (IFAC), ou, em tradução livre, Federação Internacional de Contadores, devidamente autorizado, e com o apoio do Instituto dos Auditores Independentes do Brasil (Ibracon). Para que a classe contábil e outros estudiosos do assunto pudessem ter acesso facilitado e objetivo a essas novas normas de Auditoria Contábil, coube aos ilustres professores Inaldo Araújo e Daniel Arruda a tarefa de organizar mais este compêndio cuja riqueza didática e prática é singular, visto que, sendo preparado dentro do contexto de uma linguagem universitária, é também acessível a qualquer pessoa que queira aprender e ampliar seus conhecimentos, apoderando-se dos diversos conceitos e princípios de auditoria exigidos nos exames de suficiência do CFC, de concursos para a carreira fiscal, ou quaisquer outras finalidades.

O exercício do magistério sempre foi e será um grande desafio. Esse desafio torna-se ainda maior quando se escreve um livro com a preocupação de observar rigorosamente princípios metodológicos, gramaticais e conceituais, de forma prática e didática. Mas, nossos ilustres mestres conseguem com maestria converter em linguagem fácil os termos técnicos, sem perder o profundo sentido de cada narrativa e conceito. Aliás, este é o diferencial dos bons mestres, a simplicidade de seus ensinamentos, que disponibiliza doçura e prazer de beber em suas fontes de sabedoria, humildes e edificantes. **Fundamentos da Auditoria**, dos nossos mestres Inaldo e Daniel, torna-se, portanto, um manancial de água doce e refrescante à disposição da nossa alma e intelecto de eternos aprendizes. Saciemos, pois, nossa sede de conhecimento dessa área tão intrigante e fascinante da Contabilidade, uma ciência que tende ao universal.

Flávio Dias dos Santos Correia
Mestre em Contabilidade;
professor da Universidade do Estado da Bahia (Uneb).

SUMÁRIO

Capítulo 1
Aspectos introdutórios

Capítulo 2
Forma de realização da auditoria

Capítulo 3
Planejamento de auditoria de demonstrações financeiras

Capítulo 4
Amostragem estatística

Capítulo 5
Procedimentos de auditoria

Capítulo 6
Documentação de auditoria

Capítulo 7
Relatório de auditoria

Capítulo 8
Eventos subsequentes e responsabilidade da administração

Capítulo 1

ASPECTOS INTRODUTÓRIOS

1.1 • AUDITORIA: CONCEITO E OBJETIVO

Auditoria, em amplo sentido, é o processo de confrontação entre uma situação encontrada e determinado critério, ou, em outras palavras, é a comparação entre o fato ocorrido e o que deveria ocorrer. Representa o processo de exame independentemente de determinadas condições, objetivando a emissão de juízos sobre a conformidade com padrões, que são denominados critérios de auditoria.

Para a Organização Internacional de Entidades Fiscalizadoras Superiores (Intosai),[1] a auditoria "é o exame das operações, atividades e sistemas de determinada entidade, com vistas a verificar se são executados ou funcionam em conformidade com determinados objetivos, orçamentos, regras e normas".

Em resumo, auditoria é o ato de confrontar a condição — situação encontrada — com o critério — situação que deve ser — na forma demonstrada na figura a seguir.

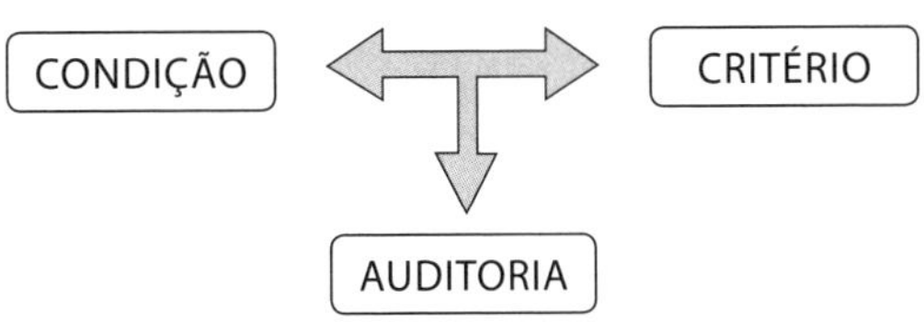

Fonte: elaborado pelos autores.

Figura 1.1 • Conceito de auditoria.

1 A Organização Internacional de Entidades Fiscalizadoras Superiores (Intosai) é um organismo apolítico que objetiva o intercâmbio de ideias sobre as melhores práticas de fiscalização, e de experiências entre as instituições superiores de controle das finanças públicas.

Existem vários tipos de auditoria, pois essa atividade representa uma técnica aplicada aos mais variados ramos do conhecimento humano. Contudo, no universo contábil essa técnica foi mais normatizada.

Surge, assim, o conceito de Auditoria Independente de Demonstrações Financeiras, também denominada Auditoria Independente de Informações Financeiras Históricas, ou, simplesmente, Auditoria Contábil, que objetiva, após aplicação de procedimentos específicos com base em normas profissionais e de forma independente, a emissão de um relatório, consubstanciado em uma opinião, sobre a adequação das demonstrações financeiras,[2] o que significa dizer se estas representam apropriadamente a situação financeira e patrimonial, o resultado das operações, as mutações no patrimônio, os fluxos de caixa e a forma que a riqueza da companhia foi gerada e distribuída, em conformidade com os Princípios de Contabilidade (PCs)[3] e legislação pertinente.

---

2 No Brasil, as demonstrações financeiras ou contábeis são definidas por lei. No âmbito das sociedades anônimas, a Lei n. 6.404/1976 estabeleceu os seguintes demonstrativos: Balanço Patrimonial, Demonstração do Resultado do Exercício, Demonstração dos Lucros ou Prejuízos Acumulados, opcionalmente substituída pela Demonstração das Mutações do Patrimônio Líquido, Demonstração do Fluxo de Caixa e Demonstração do Valor Adicionado. As companhias abertas, além de serem compulsoriamente auditadas, devem elaborar, obrigatoriamente, a Demonstração das Mutações do Patrimônio Líquido. As principais inovações das demonstrações financeiras encontram-se no item 1.2.

3 Os Princípios de Contabilidade (PCs) surgiram da necessidade de se apresentar uma linguagem uniforme para se elaborar e interpretar apropriadamente as demonstrações financeiras ou contábeis, sendo admitidos, ainda que provisoriamente, como inquestionáveis. Consistem, portanto, em verdadeiros dogmas contábeis, devendo ser considerados como corretos e indiscutíveis sem exigência de demonstração. Atualmente, no Brasil, temos os seguintes princípios apresentados pelo Conselho Federal de Contabilidade (CFC) por meio da Resolução n. 750/1993, com a redação dada pela Resolução CFC n. 1.282/2010, a saber: da Entidade; da Continuidade; da Oportunidade; do Registro pelo Valor Original; da Competência; da Prudência.
O Princípio da Entidade menciona que a pessoa do sócio não se confunde com a pessoa da empresa, ou seja, cada um possui a própria entidade. Dessa forma, os registros contábeis devem ser elaborados considerando a autonomia do sócio em relação à empresa, assim como da empresa em relação a outras.
A Continuidade "pressupõe que a entidade continuará em operação no futuro e, portanto, a mensuração e a apresentação dos componentes do patrimônio levam em conta esta circunstância". Esse princípio determina que os registros contábeis devem ser feitos tendo como fundamento a ideia de que a empresa terá vida contínua até o infinito; pois, se a continuidade da entidade estiver comprometida, os procedimentos contábeis devem ser modificados, por exemplo, seus bens devem ser avaliados pelo valor de realização e não pelo seu valor de custo.
O Princípio da Oportunidade "refere-se ao processo de mensuração e apresentação dos componentes patrimoniais para produzir informações íntegras e tempestivas. A falta de integridade e tempestividade na produção e na divulgação da informação contábil pode ocasionar a perda de sua relevância, por isso é necessário ponderar a relação entre a oportunidade e a confiabilidade da informação". Em síntese, esse princípio menciona que os registros contábeis devem ser feitos oportunamente, ou seja, no tempo certo, assim como na extensão correta. A escrituração dos fatos contábeis deve ser tempestiva e íntegra.
O Registro pelo Valor Original "determina que os componentes do patrimônio devem ser inicialmente registrados pelos valores originais das transações, expressos em moeda nacional". O custo histórico e suas variações são bases de mensuração que devem ser utilizadas em graus distintos e combinadas, ao longo do tempo, de diferentes formas. As variações do custo histórico são decorrentes dos seguintes fatores: a) custo corrente (valores na data ou no período das demonstrações contábeis); b) valor realizável (valor da venda do ativo ou do pagamento do passivo no curso normal das operações); c) valor presente (valor presente, descontado do fluxo futuro de entrada ou saída

A Auditoria Independente de Demonstrações Financeiras pode contribuir para resguardar os direitos de terceiros, para reduzir a ineficiência das operações e a prática de atos abusivos e para assegurar a adequação das demonstrações contábeis e outras informações financeiras.

O Conselho Federal de Contabilidade (CFC), por meio da Resolução n. 1.203/2009, aprovou a NBC TA 200 — Objetivos Gerais do Auditor Independente e a Condução da Auditoria em Conformidade com Normas de Auditoria, a qual definiu que a Auditoria Independente de Demonstrações Financeiras possui o objetivo de:

> [...] aumentar o grau de confiança nas demonstrações contábeis por parte dos usuários. Isso é alcançado mediante a expressão de uma opinião pelo auditor sobre se as demonstrações contábeis foram elaboradas, em todos os aspectos relevantes, em conformidade com uma estrutura de relatório financeiro aplicável. No caso da maioria das estruturas conceituais para fins gerais, essa opinião expressa se as demonstrações contábeis estão apresentadas adequadamente, em todos os aspectos relevantes, em conformidade com a estrutura de relatório financeiro. A auditoria conduzida em conformidade com as normas de auditoria e exigências éticas relevantes capacita o auditor a formar essa opinião.

Com base no conceito apresentado pelo CFC na NBC TA 200, pode-se concluir que a auditoria de demonstrações financeiras[4] é o processo sistemático, pautado em exigências éticas e em normas profissionais emanadas de organismos nacionais e internacionais de auditoria reconhecidos, que, por meio da aplicação de procedimentos selecionados de acordo com as circunstâncias dos exames e o juízo independente do

---

líquida de caixa); d) valor justo (valor pelo qual um ativo pode ser trocado, ou um passivo liquidado, entre partes conhecedoras, dispostas a isso, em uma transação sem favorecimentos); e e) atualização monetária (reconhecimento dos efeitos da alteração do poder aquisitivo da moeda nacional). O registro pelo valor original significa que as transações devem ser registradas pelo seu valor histórico considerando, quando necessário, as variações do custo histórico.
O Princípio da Competência estabelece que "os efeitos das transações e outros eventos sejam reconhecidos nos períodos a que se referem, independentemente do recebimento ou pagamento". Assim, as receitas e despesas, como elementos que determinam o lucro de uma empresa, devem ser registradas, respectivamente, no momento em que são merecidas (prestação do serviço ou colocação da mercadoria à disposição do cliente) e no momento em que são incorridas, de acordo com o fato gerador.
A Prudência determina "a adoção do menor valor para os componentes do ativo e do maior para os do passivo, sempre que se apresentem alternativas igualmente válidas para a quantificação das mutações patrimoniais que alterem o patrimônio líquido". Desse modo, como princípio, significa que, ocorrendo duas situações igualmente válidas e aceitas pelo consenso contábil, deve-se sempre adotar a mais prudente. Logo, deve-se esperar maior despesa e menor receita, bem como menores valores para os bens e direitos e maiores para as obrigações.

4 Elaboradas sob a responsabilidade da administração de uma sociedade anônima de capital aberto, que compreendem a situação patrimonial, o resultado do exercício, as mutações do patrimônio líquido, o fluxo de caixa e o valor adicionado.

auditor, incluindo a avaliação de riscos e análise dos principais controles internos, objetiva obter evidência suficiente e adequada, de forma segura e razoável, de que essas demonstrações foram elaboradas em conformidade com uma estrutura de relatório financeiro adequada e com práticas contábeis adotadas e estão livres de distorção relevante e material causada por fraude ou por erro.

A Auditoria Independente de Demonstrações Financeiras representa, pois, o conjunto de procedimentos técnicos aplicados de forma planejada e independente por um profissional habilitado, segundo normas preestabelecidas, com o objetivo de se emitir um relatório sobre as demonstrações financeiras tomadas em seu conjunto, em relação aos Princípios de Contabilidade (PCs) e as normas brasileiras de contabilidade, bem como sobre assuntos financeiros relacionados.

Segundo as novas normas do CFC, a Auditoria Independente de Demonstrações Financeiras objetiva verificar se essas demonstrações foram elaboradas de acordo com a estrutura de relatório financeiro aplicável, ou seja, um padrão estabelecido, que, no Brasil, é denominado práticas contábeis brasileiras e compreendem: a) legislação societária, b) Normas Brasileiras de Contabilidade, emitidas pelo CFC, c) pronunciamentos, interpretações e orientações emitidos pelo Comitê de Pronunciamentos Contábeis (CPC) e homologados pelos órgãos reguladores, e d) práticas adotadas pelas entidades em assuntos não regulados, desde que atendam à NBC T 1 — Estrutura Conceitual para a Elaboração e Apresentação das Demonstrações Contábeis emitida pelo CFC e, por conseguinte, em consonância com as normas contábeis internacionais.

Frise-se que, na ausência de disposições específicas, prevalecem as práticas já consagradas pela profissão contábil, formalizadas ou não pelos próprios organismos.

O processo de Auditoria Independente de Demonstrações Financeiras é composto, basicamente, por três fases: planejamento, execução e relatório.

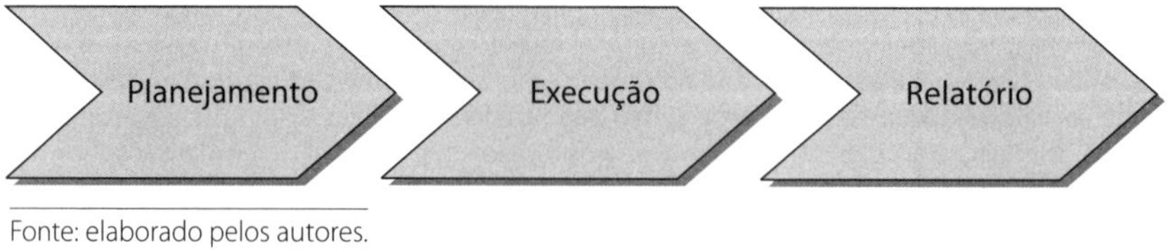

Fonte: elaborado pelos autores.

Figura 1.2 Processo de Auditoria de Demonstrações Financeiras.

No planejamento, na forma descrita no Capítulo 3, o auditor independente estabelece o objetivo, a forma e o momento que aplicará os procedimentos de auditoria. A aplicação desses procedimentos ocorre na fase de execução, quando o auditor reúne as evidências suficientes e adequadas devidamente registradas em documentação de auditoria que servirão de base para suportar os resultados alcançados pelo auditor, materializados no relatório de auditoria.

Salvo declaração contrária, o auditor evidenciará no seu relatório que concorda com as demonstrações financeiras, tanto em termos de conteúdo quanto de forma.

O foco central dos trabalhos da Auditoria Independente de Demonstrações Financeiras é o exame dessas demonstrações com o objetivo de se emitir um relatório sobre sua adequação, principalmente, no que se refere à: existência, propriedade, ocorrência, abrangência, avaliação, realização, apresentação e divulgação. Isso se deve ao fato de que essas demonstrações objetivam retratar, em determinada data, a situação financeira e patrimonial de uma entidade.

A finalidade da Auditoria Independente de Demonstrações Financeiras é, portanto, a emissão de um relatório independente, que tem por limite os objetivos da auditoria (demonstrações financeiras) e não representa garantia de viabilidade futura ou de eficácia da administração na gestão dos negócios. Todavia, em situações especiais, a auditoria contábil pode objetivar a emissão de parecer somente sobre determinada demonstração financeira ou dada área.

O relatório da Auditoria Independente de Demonstrações Financeiras é de exclusiva responsabilidade de contador registrado no Conselho Regional de Contabilidade (CRC), que deve realizar seu trabalho assegurando o devido controle de qualidade.

Registre-se, ademais, que o CFC emitiu a Resolução n. 1.202/2009, que aprovou a NBC TA 01 — Estrutura Conceitual para Trabalho de Asseguração, a qual apresenta princípios básicos e procedimentos essenciais, além de fornecer orientação aos auditores independentes, para a realização de trabalhos de asseguração (também conhecidos como trabalhos de "Assurance" ou de certificação), que não sejam de auditoria ou revisão de informações financeiras históricas, e estão sujeitos a normas específicas.

Nos termos dessa norma, entende-se por trabalho de asseguração "aquele no qual o auditor expressa uma conclusão com a finalidade de aumentar o grau de confiança dos outros usuários previstos, que não seja a parte responsável, acerca do resultado da avaliação ou mensuração de determinado objeto de acordo com critérios aplicáveis".

A seguir, apresenta-se um resumo gráfico do processo da auditoria contábil.

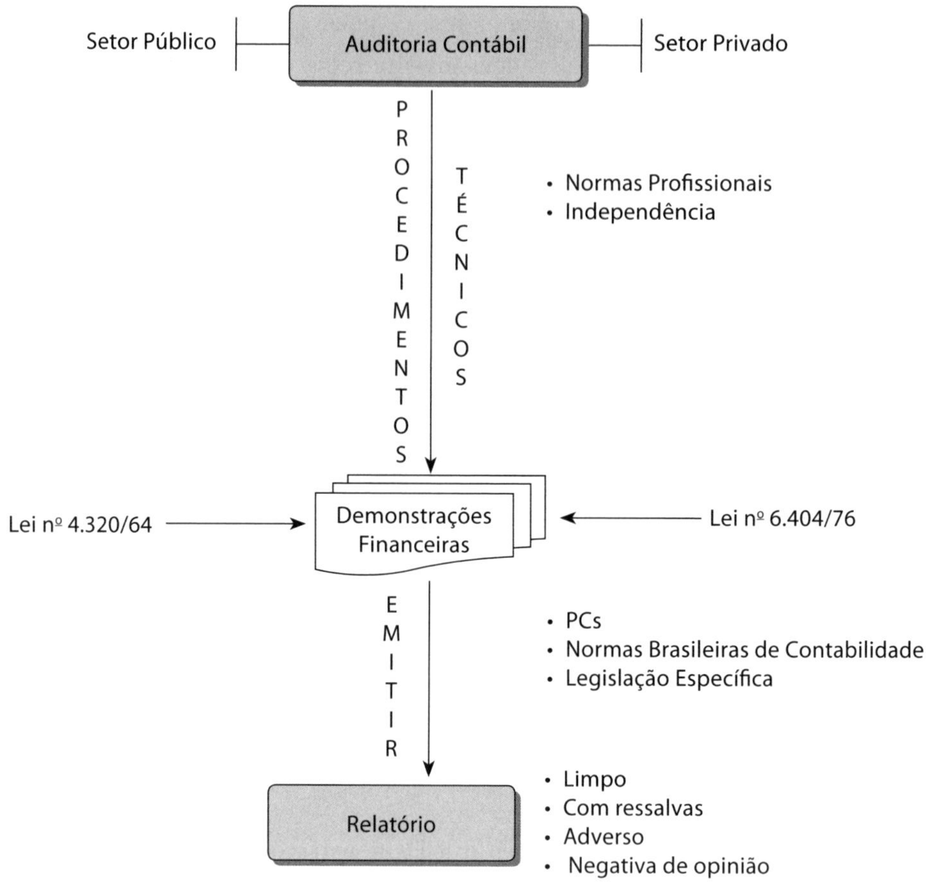

Fonte: elaborado pelos autores.

Figura 1.3 Processo da auditoria contábil.

De maneira resumida, pode-se dizer que uma Auditoria Independente de Demonstrações Financeiras possui como objetivo central a apresentação de um relatório não modificado (limpo) ou com modificações (com ressalvas, adverso e com negativa de opinião) sobre as demonstrações financeiras tomadas em conjunto. De forma específica, a Auditoria Independente de Demonstrações Financeiras objetiva atestar a existência e a propriedade dos bens; a ocorrência e a abrangência das transações; a avaliação e mensuração adequada dos ativos e passivos; a realização dos ativos; e a correta apresentação e divulgação das informações nas demonstrações financeiras. Ou seja, essa auditoria é o processo sistemático e ético, pautado em normas profissionais, que, por meio da aplicação independente de procedimentos, incluindo a avaliação de riscos e análise dos controles internos, visa obter evidência suficiente e adequada, de forma segura e razoável, de que as demonstrações financeiras foram elaboradas em conformidade com uma estrutura de relatório financeiro adequada e estão livres de distorção relevante e material causada por fraude ou por erro.

1.2 • DEMONSTRAÇÕES FINANCEIRAS: PRINCIPAIS ASPECTOS

A Lei n. 6.404/1976 — denominada Lei das Sociedades Anônimas — sofreu, em face de um processo de convergência aos padrões internacionais, significativas alterações, que estabeleceram modificações na forma de contabilização e evidenciação de fatos contábeis.

Por iniciativas próprias, a Comissão de Valores Mobiliários (CVM) e o Banco Central do Brasil (BCB) já haviam determinado que, respectivamente, as companhias abertas e as instituições financeiras adotassem os padrões internacionais.

Com a sanção da Lei n. 11.638/2007 e com a edição da Medida Provisória n. 449/2008, convertida na Lei n. 11.941/2009, as alterações passaram a ser observadas por todas as sociedades anônimas e pelas companhias fechadas de grande porte a partir dos demonstrativos contábeis anuais referentes ao exercício de 2008. O CFC estendeu a obrigatoriedade de adoção dessas novas normas para as demais companhias.

O conceito de companhias fechadas de grande porte foi introduzido no ordenamento jurídico pátrio pela Lei n. 11.638/2007, e corresponde à sociedade ou ao conjunto de sociedades sob controle comum que tiver, no exercício anterior, ativo superior a duzentos e quarenta milhões de reais ou receita bruta anual superior a trezentos milhões de reais.

Tramita no Congresso Nacional projeto de lei que estende a essas companhias, que agora são compulsoriamente auditadas, a obrigatoriedade de publicação de suas demonstrações financeiras.

As mudanças efetuadas no processo de registro e evidenciação dos fenômenos patrimoniais objetivam a convergência aos padrões internacionais de contabilidade, consubstanciados, fundamentalmente, pela International Financial Reporting Standards (IFRS), editadas pelo International Accounting Standards Board (IASB). Os padrões vêm sendo traduzidos para o Português e eventualmente adaptadas pelo Comitê de Pronunciamentos Contábeis (CPC), o que contribui para a comparabilidade, a transparência e a qualidade das informações em um mercado global cada vez mais complexo e interdependente.

O CPC foi criado pela Resolução n. 1.055/2005, do Conselho Federal de Contabilidade (CFC), com o objetivo de estudar, preparar e emitir Pronunciamentos Técnicos sobre a Contabilidade, tendo como parâmetro a convergência aos padrões internacionais.

As entidades que compõem o CPC são:

- Abrasca — Associação Brasileira das Companhias Abertas;
- Apimec Nacional — Associação dos Analistas e Profissionais de Investimento do Mercado de Capitais;
- Bovespa — Bolsa de Valores de São Paulo;
- CFC — Conselho Federal de Contabilidade;
- Ibracon — Instituto dos Auditores Independentes do Brasil;
- Fipecafi — Fundação Instituto de Pesquisas Contábeis, Atuariais e Financeiras.

Participam ainda como membros convidados o Banco Central do Brasil (BCB), a Comissão de Valores Mobiliários (CVM), a Secretaria da Receita Federal (SRF) e a Superintendência de Seguros Privados (Susep).

O CPC, no processo de consolidação da convergência do Brasil às Normas Internacionais de Contabilidade (NIC) — editadas pelo IASB —, já expediu significativa quantidade de Pronunciamentos. O cronograma de emissões prevê uma total convergência, por meio da tradução das IAS (International Accounting Standards) e IFRS (International Financial Reporting Standards).

A seguir, são apresentadas e comentadas, de forma sumariada, algumas das principais inovações trazidas pelos instrumentos normativos descritos.

1.2.1 Demonstrações financeiras[5]

Ao término do exercício social, as sociedades anônimas e as companhias fechadas de grande porte deverão apresentar a situação patrimonial e as respectivas mutações ocorridas nas seguintes demonstrações financeiras: a) Balanço Patrimonial,

5 Seção que teve a colaboração do professor Alexandre Alcântara.

b) Demonstração dos Lucros ou Prejuízos Acumulados, c) Demonstração do Resultado do Exercício, d) Demonstração dos Fluxos de Caixa e e) Demonstração do Valor Adicionado, esta última somente exigida para companhias que negociam suas ações no mercado de capital.

Portanto, deixaram de ser obrigatórias a elaboração e a divulgação da Demonstração das Origens e Aplicações de Recursos (Doar).

Para uma adequada apresentação, as demonstrações financeiras deverão ser complementadas por notas explicativas que incluam informações sobre o critério de elaboração das demonstrações; as práticas contábeis adotadas, tais como as relativas aos critérios de avaliação dos elementos patrimoniais, aos investimentos relevantes em outras sociedades, ao aumento de valor do ativo resultante de novas avaliações; os ônus, as garantias e outras responsabilidades eventuais ou contingentes; os detalhes das obrigações de longo prazo e das ações do capital social; as opções de compra de ações; os ajustes de exercícios anteriores e os eventos subsequentes.

A Lei das Sociedades Anônimas estabelece, adicionalmente, que as notas explicativas devem: a) apresentar informações sobre a base de preparação das demonstrações financeiras e das práticas contábeis específicas selecionadas e aplicadas para negócios e eventos significativos; b) divulgar as informações exigidas pelas práticas contábeis adotadas no Brasil que não estejam apresentadas em nenhuma outra demonstração financeira; e c) fornecer informações adicionais não indicadas nas demonstrações financeiras e consideradas necessárias (Lei n. 6.404/1976, art. 176, § 5.º, incisos I a III).

Além de observar os preceitos da legislação comercial e societária, a companhia deverá adotar os Princípios de Contabilidade (PCs), indevidamente denominados de princípios de contabilidade, geralmente aceitos, pautados em métodos ou critérios contábeis uniformes.

De acordo com a nova Estrutura Conceitual Básica para a Elaboração e Apresentação das Demonstrações Financeiras, aprovada pela Resolução CFC n. 1.121/2008, os princípios que deverão nortear a contabilidade estão delineados conforme a seguir.

1.2.2 Pressupostos básicos da contabilidade

- Regime de Competência: as transações contábeis devem ser reconhecidas e divulgadas quando ocorrem e não em função do fluxo financeiro (pagamento ou recebimento).

- Continuidade: as demonstrações financeiras devem ser elaboradas considerando que a entidade continuará em operação.

Características qualitativas das demonstrações financeiras

- Compreensibilidade: as demonstrações financeiras devem ser prontamente entendidas pelos usuários.
- Relevância: as informações nas demonstrações financeiras devem ser relevantes para os usuários na tomada de decisões. A relevância é afetada pela materialidade (impacto financeiro ou econômico).
- Confiabilidade: as demonstrações financeiras devem estar livres de erros relevantes e representar adequadamente os fatos contábeis. Uma informação confiável deve considerar:
    - Representação adequada: a informação deve representar adequadamente as transações.
    - Primazia da essência sobre a forma: as transações devem ser contabilizadas de acordo com a sua substância e realidade econômica, e não com base apenas na forma legal.
    - Neutralidade: as informações nas demonstrações financeiras devem ser imparciais.
    - Prudência: é a precaução nos julgamentos necessários às estimativas em condições de incerteza. A regra é não superestimar ativos e receitas e não subestimar passivos e despesas.
    - Integridade: as demonstrações financeiras devem ser completas, dentro dos limites da materialidade e custo.
- Comparabilidade: as demonstrações financeiras devem ser comparáveis ao longo do tempo e entre diferentes entidades.
- Visão verdadeira e apropriada: representa o *true and fair view* das demonstrações financeiras, em face da aplicação das características qualitativas e de normas de contabilidade.

Limitações na relevância e confiabilidade das informações

- Tempestividade: informações divulgadas inoportunamente perdem relevância.

- Equilíbrio entre custo e benefício: os benefícios gerados pela informação devem exceder o custo de produzi-la.
- Equilíbrio entre características qualitativas: é necessário o equilíbrio entre as características qualitativas.

Outro aspecto é que as normas expedidas pela CVM, observadas de forma obrigatória e facultativa, respectivamente, para as companhias abertas e fechadas, deverão ser elaboradas em consonância com os padrões internacionais de contabilidade adotados nos principais mercados.

1.2.3 Efeitos tributários das alterações

A Lei n. 11.941/2009 instituiu, em seu art. 15, o Regime Tributário de Transição (RTT) de apuração do lucro real, que trata dos ajustes tributários decorrentes dos novos métodos e critérios contábeis e determinou, ainda, por meio de nova redação do § 2º do art. 177 da Lei n. 6.404/1976, que a companhia observará exclusivamente em livros ou registros auxiliares, sem qualquer modificação da escrituração mercantil e das demonstrações reguladas, as disposições da lei tributária, ou de legislação especial sobre a atividade que constitui seu objeto, que prescrevam, conduzam ou incentivem a utilização de métodos ou critérios contábeis diferentes ou determinem registros, lançamentos ou ajustes ou a elaboração de outras demonstrações financeiras.

1.2.4 Classificação do patrimônio no Balanço Patrimonial

O patrimônio passa a ser demonstrado no Balanço Patrimonial nos seguintes grupos: a) Ativo Circulante; b) Ativo Não Circulante, composto por Ativo Realizável de Longo Prazo, Investimentos, Imobilizado e Intangível; c) Passivo Circulante; d) Passivo Não Circulante; e e)Patrimônio Líquido, dividido em Capital Social, Reservas de Capital, Ajustes de Avaliação Patrimonial, Reservas de Lucros, Ações em Tesouraria e Prejuízos Acumulados.

O ativo permanente foi extinto como grupo do Ativo, e seus subgrupos passam a integrar o ativo não circulante, à exceção do ativo diferido na forma que será descrito.

Também foi extinto o grupo resultado de exercícios futuros, e os saldos, se efetivamente classificáveis de forma correta conforme legislação anterior, deverão ser reclassificados para o passivo circulante e/ou não circulante, evidenciando a receita diferida e o respectivo custo diferido.

1.2.4.1 Ativo Imobilizado e Intangível

O Ativo Imobilizado abarca, exclusivamente, os bens corpóreos destinados às atividades operacionais, inclusive os decorrentes de transações que transfiram, à companhia, os benefícios, riscos e controle desses bens, por exemplo, a operação de *leasing* financeiro.

Assim, há a substituição do conceito de propriedade para registro de um ativo pelo conceito de controle, consequentemente o registro do *leasing* financeiro passa a ser registrado como compra financiada.

Com efeito, quando o arrendamento for classificado como financeiro, o bem será tratado como vendido pela arrendadora ou um terceiro diretamente à arrendatária, que o ativará e reconhecerá sua dívida perante a arrendadora, e esta classificará o desembolso como um recebível. Maior detalhamento quanto à forma de contabilização dos arrendamentos mercantis consta no Pronunciamento Técnico CPC n. 06 — Operações de Arrendamento Mercantil.

O Ativo Diferido foi extinto pela MP n. 449/2008 (Lei n. 11.941/2009) e foi criado, pela Lei n. 11.638/2007, novo grupo com o objetivo de registrar bens incorpóreos utilizados nas operações, inclusive o fundo de comércio adquirido, e que foi denominado de Ativo Intangível.

Alternativamente, é também admitida a possibilidade de os saldos permanecerem no subgrupo ativo diferido até seu total desaparecimento, lembrando que a Lei das Sociedades Anônimas impede a amortização desses ativos em prazo superior a dez anos.

Para um ativo ser considerado intangível é necessário que ele, além de incorpóreo, seja separável, isto é, capaz de ser segregado ou dividido da entidade e vendido, transferido, licenciado, alugado ou trocado, seja individualmente ou em conjunto com um contrato, ativo ou passivo relacionado; ou então resulte de direitos contratuais ou de outros direitos legais, quer esses direitos sejam transferíveis quer sejam separáveis da entidade ou de outros direitos e obrigações. Maior detalhamento quanto à forma de contabilização desses ativos consta no Pronunciamento Técnico CPC n. 04 — Ativo Intangível.

1.2.4.2 Patrimônio Líquido

O Patrimônio Líquido, composto por capital, reservas de capital, reservas de lucro, ajustes de avaliação patrimonial, ações em tesouraria e prejuízos acumulados, continua sendo considerado indevidamente no grupo do passivo.

O ganho auferido quando da emissão de debêntures (o chamado prêmio) e as doações e subvenções para investimento deixaram de ser considerados como reservas de capital e passaram a ser classificados como receita, em observância aos Princípios de Contabilidade (PCs).

Uma exceção para essa regra refere-se àqueles casos em que a subvenção recebida pela companhia não é incondicional, sujeita, portanto, a eventos futuros. Nessas situações, os valores recebidos serão contabilizados no passivo, sendo levados ao resultado apenas quando atendidas as exigências estabelecidas na sua concessão.

Quanto à forma de contabilização dessas doações e incentivos, deve ser consultado o Pronunciamento Técnico CPC n. 07 — Subvenção e Assistência Governamentais.

A parcela do lucro líquido decorrente dessas doações ou subvenções pode ser destinada à reserva de incentivos fiscais, que poderá ser excluída da base de cálculo do dividendo obrigatório.

A constituição de reservas de reavaliação não é mais permitida e as contrapartidas de aumentos ou diminuições de valor atribuídos a itens do ativo e do passivo, em decorrência da sua avaliação a valor justo, serão classificadas como ajustes de avaliação patrimonial, no Patrimônio Líquido, enquanto não computadas no resultado do exercício.

A conta Ajuste de Avaliação Patrimonial registra as variações de preço de mercado dos instrumentos financeiros, destinados à venda futura e as diferenças no valor de ativos e passivos avaliados a preço de mercado em reorganizações societárias. Os valores registrados nessa conta são transferidos para resultado quando os ativos e passivos forem realizados.

Com a extinção da conta Lucros Acumulados, os saldos nessa conta precisam ser totalmente destinados por proposta da administração da companhia no pressuposto de sua aprovação pela assembleia geral ordinária (destinadas a reservas, distribuir dividendos ou aumentar o capital). Essa conta permanecerá nos planos de contas, e seu uso continuará a ser feito para receber o resultado do exercício, as reversões de determinadas reservas, os ajustes de exercícios anteriores, para distribuir os resultados nas suas várias formas e destinar valores para reservas de lucros. Os lucros não destinados às reservas previstas nos arts. 193 a 197, a seguir comentados, deverão ser distribuídos como dividendos, em observância ao dispositivo que já previa tal procedimento (§ 6.º do art. 202 da Lei Societária, incluído pela Lei n. 10.303/2001).

As reservas de lucro são as seguintes:

- Legal, constituída com 5% do lucro líquido, até o limite de 20% do capital, podendo deixar de ser constituída quando seu saldo somado com o das reservas de capital exceder a 30% do valor do capital;
- Estatutária, fixada pelo estatuto social que deverá indicar a finalidade e os critérios para sua constituição;
- Contingência, destinada a compensar, em exercício futuro, a diminuição do lucro decorrente da perda provável cujo valor possa ser estimado, com justificativa e indicação da causa da perda;
- Incentivos Fiscais, como já visto, deve ser constituída de forma facultativa com base na parcela do lucro decorrente de doações ou subvenções governamentais;
- Retenção de Lucros, constituída mediante aprovação orçamentária em que esteja justificado o motivo da retenção, compreendendo todas as fontes de recursos e aplicações de capital;
- Lucros a Realizar, constituída quando o montante do dividendo obrigatório ultrapassar a parcela realizada do lucro do exercício.

1.2.5 Critérios de avaliação e valor justo

Os principais critérios de avaliação do ativo e do passivo, segundo a legislação societária, podem ser assim resumidos: a) aplicações financeiras e contas a receber (art. 183, I, a e b), pelo valor justo quando destinado à negociação e custo ajustado; b) estoques (art. 183, II), pelo custo ou mercado, dos dois o menor; c) investimentos permanentes (art. 183, III), pelo custo ajustado ou equivalência patrimonial; d) imobilizado (art. 183, V), pelo custo de aquisição deduzido da depreciação, amortização e exaustão; e) intangível (art. 183, VII), pelo custo de aquisição deduzido da amortização; f) ativos de longo prazo (art. 183, VIII), pelo valor presente; g) obrigações (art. 184, I), pelo valor atualizado; h) obrigações em moeda estrangeira (art. 184, II), pelo câmbio na data do balanço; i) obrigações a longo prazo (art. 184, III), pelo valor presente.

Para fins da legislação societária, considera-se valor justo da matéria-prima e do almoxarifado o preço de reposição mediante compra no mercado; das mercadorias, o preço de venda deduzidos os impostos, despesas por vendas e margem de lucro; dos investimentos, o valor de alienação; dos instrumentos financeiros, o valor obtido no mercado ativo. Na ausência de mercado ativo, o valor que se obtém em mercado para outro instrumento semelhante, ou o valor presente ou o valor obtido por modelos matemático-estatísticos.

No que tange ao cálculo da equivalência patrimonial, o conceito de companhia coligada foi modificado para vinculá-lo à influência operacional e financeira significativas.

A influência será considerada significativa quando a companhia investidora for titular de 20% ou mais do capital votante da investida.

Foi vedada a prática de reavaliação espontânea de ativos. Em contrapartida, ao final de cada exercício, deverá ser aplicada a análise de recuperabilidade dos ativos (*impairment*). Os saldos remanescentes das Reservas de Reavaliação deverão ser mantidos no Patrimônio Líquido até a sua efetiva realização ou estornados e levados a resultado até o final do exercício em que a Lei entrou em vigor. Maior detalhamento quanto à forma de aplicação dessa análise consta no Pronunciamento Técnico CPC n. 01 — Redução ao Valor Recuperável de Ativos.

Além disso, a companhia deverá efetuar análise sobre a recuperação do Imobilizado e do Intangível, para fins de registro de perdas, quando houver decisão de interromper a atividade a que se destinavam ou quando comprovado que não poderão produzir resultados suficientes para recuperação desse valor; ou revisados os critérios utilizados para determinação da vida útil e para cálculo da depreciação, exaustão e amortização.

1.2.6 Demonstração dos Fluxos de Caixa (DFC)

A Demonstração dos Fluxos de Caixa (DFC), que não é obrigatória para a companhia fechada com patrimônio líquido inferior a dois milhões de reais, foi introduzida em substituição à Demonstração das Origens e Aplicações de Recursos (Doar), com a finalidade de informar as alterações no saldo de caixa e equivalentes (aplicações financeiras de liquidez imediata) classificadas nos fluxos das operações, dos financiamentos e dos investimentos.

De forma objetiva, as atividades operacionais decorrem das transações relacionadas ao negócio da companhia e que transitam no ativo e passivo circulante, as atividades de financiamento, com os passivos não circulantes, incluindo, também, os financiamentos de curto prazo, e as atividades de investimentos estão relacionadas com os ativos não circulantes. O detalhamento sobre esse demonstrativo consta no Pronunciamento Técnico CPC n. 03 — Demonstração dos Fluxos de Caixa.

1.2.7 Demonstração do Valor Adicionado (DVA)

A Demonstração do Valor Adicionado (DVA), que não possui correspondente nas normas internacionais de contabilidade, apresenta o valor da riqueza gerada no negócio e sua distribuição entre os elementos da companhia que contribuíram para a geração dessa riqueza — empregados, financiadores, acionistas, governo — além da parcela não distribuída. As diretrizes para sua elaboração constam no Pronunciamento Técnico CPC n. 09 — Demonstração do Valor Adicionado.

As modificações na Demonstração do Resultado do Exercício (DRE) não foram significativas e estão relacionadas, principalmente, à eliminação da segregação das receitas e despesas como não operacionais e à contabilização das participações de debêntures, empregados, administradores e partes beneficiárias, mesmo na forma de instrumentos financeiros, e de instituições ou fundos de assistência ou previdência de empregados, que não se caracterizem como despesa.

A extinção da reserva de prêmio na emissão de debêntures trouxe a obrigação de esse prêmio ser tratado como receita na Demonstração do Resultado do Exercício (DRE). Essa receita deve ser apropriada por regime de competência e não de forma integral quando recebida em dinheiro.

A Demonstração dos Lucros ou Prejuízos Acumulados (DLPA) não sofreu alteração. Apesar da extinção da conta "Lucros Acumulados" no Balanço Patrimonial, a demonstração correspondente continua existindo; porém, não poderá apresentar saldo positivo nessa conta ao final de cada exercício social. Além disso, normalmente, as companhias preferem apresentar a Demonstração dos Lucros ou Prejuízos Acumulados (DLPA) como integrante da Demonstração das Mutações do Patrimônio Líquido (DMPL), conforme faculta a legislação societária (Lei n. 6.404/1976, art. 186, § 2.º).

1.3 NORMAS DE AUDITORIA DE DEMONSTRAÇÕES FINANCEIRAS

Como já mencionado, as Normas Brasileiras de Contabilidade classificam-se em Profissionais e Técnicas. As Normas Profissionais estabelecem regras de exercício profissional e classificam-se em:

- NBC PG — Geral;
- NBC PA — do Auditor Independente;

- NBC PI — do Auditor Interno;
- NBC PP — do Perito.

As Normas Técnicas estabelecem conceitos doutrinários, regras e procedimentos aplicados de Contabilidade e classificam-se em:

- NBC TG — Geral;
- NBC TSP — do Setor Público;
- NBC TA — de Auditoria Independente de Informação Contábil Histórica;
- NBC TR — de Revisão de Informação Contábil Histórica;
- NBC TO — de Asseguração de Informação Não Histórica;
- NBC TSC — de Serviço Correlato;
- NBC TI — de Auditoria Interna;
- NBC TP — de Perícia;
- NBC TAG — de Auditoria Governamental.

As normas de auditoria representam o parâmetro que conduzem o trabalho auditorial. Elas se relacionam à pessoa do auditor e ao processo da auditoria, envolvendo todas as suas fases, a saber: planejamento, execução e relatório.

Segundo a Intosai, as normas de auditoria "proporcionam ao auditor uma orientação básica que o ajuda a determinar a extensão das medidas e dos procedimentos de auditoria a serem empregados para atingir seu objetivo".

As normas relacionadas à Auditoria Independente de Demonstrações Financeiras são detalhadas a seguir.

Quadro 1.1 Normas Brasileiras de Contabilidade Profissionais do Auditor Independente — NBC PA.

Resolução n.	Finalidade
1.201/2009	NBC PA 01 — Controle de Qualidade para Firmas (Pessoas Jurídicas e Físicas) de Auditores Independentes.
1.311/2010	NBC PA 290 — Independência — Trabalhos de Auditoria e Revisão.
1.312/2010	NBC PA 291 — Independência — Outros Trabalhos de Asseguração.
1.323/2011	NBC PA 11 — Revisão Externa de Qualidade pelos Pares.

Continua

Continuação

Resolução n.	Finalidade
1.146/2008 1.109/2007 1.019/2005	NBC PA 12 — Educação Profissional Continuada. NBC PA 13 — Normas sobre o Exame de Qualificação Técnica. Cadastro Nacional de Auditores Independentes (CNAI). Guia de Implementação — Controle de Qualidade para Firmas de Auditoria de Pequeno e Médio Portes.
821/1997	NBC P 1 — Normas Profissionais de Auditor Independente.
1.100/2007	NBC P 1.6 — Sigilo.
1.023/2005	NBC P 1.8 — Utilização de Trabalho de Especialistas.
851/1999	NBC P 1 — IT 1 — Regulamentação do item 1.9 da NBC P 1.
976/2003	NBC P — IT 3 — Regulamentação do item 1.4 — Honorários.

Quadro 1.2 ● Normas Brasileiras de Contabilidade Técnicas de Auditoria Independente de Informação Contábil Histórica — NBC TA.

Resolução n.	Finalidade
1.202/2009	NBC TA 01 — Estrutura Conceitual para Trabalhos de Asseguração.
1.203/2009	NBC TA 200 — Objetivos Gerais do Auditor Independente e a Condução da Auditoria em Conformidade com Normas de Auditoria.
1.204/2009	NBC TA 210 — Concordância com os Termos do Trabalho de Auditoria.
1.205/2009	NBC TA 220 — Controle de Qualidade da Auditoria de Demonstrações Contábeis.
1.206/2009	NBC TA 230 — Documentação de Auditoria.
1.207/2009	NBC TA 240 — Responsabilidade do Auditor em Relação à Fraude, no Contexto da Auditoria de Demonstrações Contábeis.
1.208/2009	NBC TA 250 — Consideração de Leis e Regulamentos na Auditoria de Demonstrações Contábeis.
1.209/2009	NBC TA 260 — Comunicação com os Responsáveis pela Governança.
1.210/2009	NBC TA 265 — Comunicação de Deficiências de Controle Interno.
1.211/2009	NBC TA 300 — Planejamento da Auditoria de Demonstrações Contábeis.
1.212/2009	NBC TA 315 — Identificação e Avaliação dos Riscos de Distorção Relevante por meio do Entendimento da Entidade e do seu Ambiente.

Continua

Continuação

Resolução n.	Finalidade
1.213/2009	NBC TA 320 — Materialidade no Planejamento e na Execução da Auditoria.
1.214/2009	NBC TA 330 — Resposta do Auditor aos Riscos Avaliados.
1.215/2009	NBC TA 402 — Considerações de Auditoria para a Entidade que Utiliza Organização Prestadora de Serviços.
1.216/2009	NBC TA 450 — Avaliação das Distorções Identificadas durante a Auditoria.
1.217/2009	NBC TA 500 — Evidência de Auditoria.
1.218/2009	NBC TA 501 — Evidência de Auditoria — Considerações Específicas para Itens Selecionados.
1.219/2009	NBC TA 505 — Confirmações Externas.
1.220/2009	NBC TA 510 — Trabalhos Iniciais — Saldos Iniciais.
1.221/2009	NBC TA 520 — Procedimentos Analíticos.
1.222/2009	NBC TA 530 — Amostragem em Auditoria.
1.223/2009	NBC TA 540 — Auditoria de Estimativas Contábeis, Inclusive do Valor Justo e Divulgações Relacionadas.
1.224/2009	NBC TA 550 — Partes Relacionadas.
1.225/2009	NBC TA 560 — Eventos Subseqüentes.
1.226/2009	NBC TA 570 — Continuidade Operacional.
1.227/2009	NBC TA 580 — Representações Formais.
1.228/2009	NBC TA 600 — Considerações Especiais — Auditorias de Demonstrações Contábeis de Grupos, Incluindo o Trabalho dos Auditores dos Componentes.
1.229/2009	NBC TA 610 — Utilização do Trabalho de Auditoria Interna.
1.230/2009	NBC TA 620 — Utilização do Trabalho de Especialistas.
1.231/2009	NBC TA 700 — Formação da Opinião e Emissão do Relatório do Auditor Independente sobre as Demonstrações Contábeis.
1.232/2009	NBC TA 705 — Modificações na Opinião do Auditor Independente.
1.233/2009	NBC TA 706 — Parágrafos de Ênfase e Parágrafos de Outros Assuntos no Relatório do Auditor Independente.
1.234/2009	NBC TA 710 — Informações Comparativas — Valores Correspondentes e Demonstrações Contábeis Comparativas.

Continua

Continuação

Resolução n.	Finalidade
1.235/2009	NBC TA 720 — Responsabilidade do Auditor em Relação a Outras Informações Incluídas em Documentos que Contenham Demonstrações Contábeis Auditadas.
1.236/2009	NBC TA 800 — Considerações Especiais — Auditorias de Demonstrações Contábeis Elaboradas de Acordo com Estruturas Conceituais de Contabilidade para Propósitos Especiais.
1.237/2009	NBC TA 805 — Considerações Especiais — Auditoria de Quadros Isolados das Demonstrações Contábeis e de Elementos, Contas ou Itens Específicos das Demonstrações Contábeis.
1.238/2009	NBC TA 810 — Trabalhos para a Emissão de Relatório sobre Demonstrações Contábeis Condensadas.

A seguir, apresenta-se uma tentativa de simplificação das Normas de Auditoria Independente de Informação Contábil Histórica (NBC TA), que podem ser assim aglutinadas:

Quadro 1.3 Resumo das Normas de Auditoria Independente de Informação Contábil Histórica — NBC TA.

Série	Grupos
000	Trabalhos de Asseguração.
200	Princípios Gerais e Responsabilidades.
300 e 400	Avaliação dos Riscos e Respostas aos Riscos Avaliados.
500	Evidência de Auditoria.
600	Utilização de Trabalho de Outros Profissionais.
700	Conclusão de Auditoria e Emissão de Relatório.
800	Considerações Especiais.

As principais normas de auditoria se relacionam com o processo de Auditoria Independente de Demonstrações Financeiras, na forma demonstrada na figura a seguir.

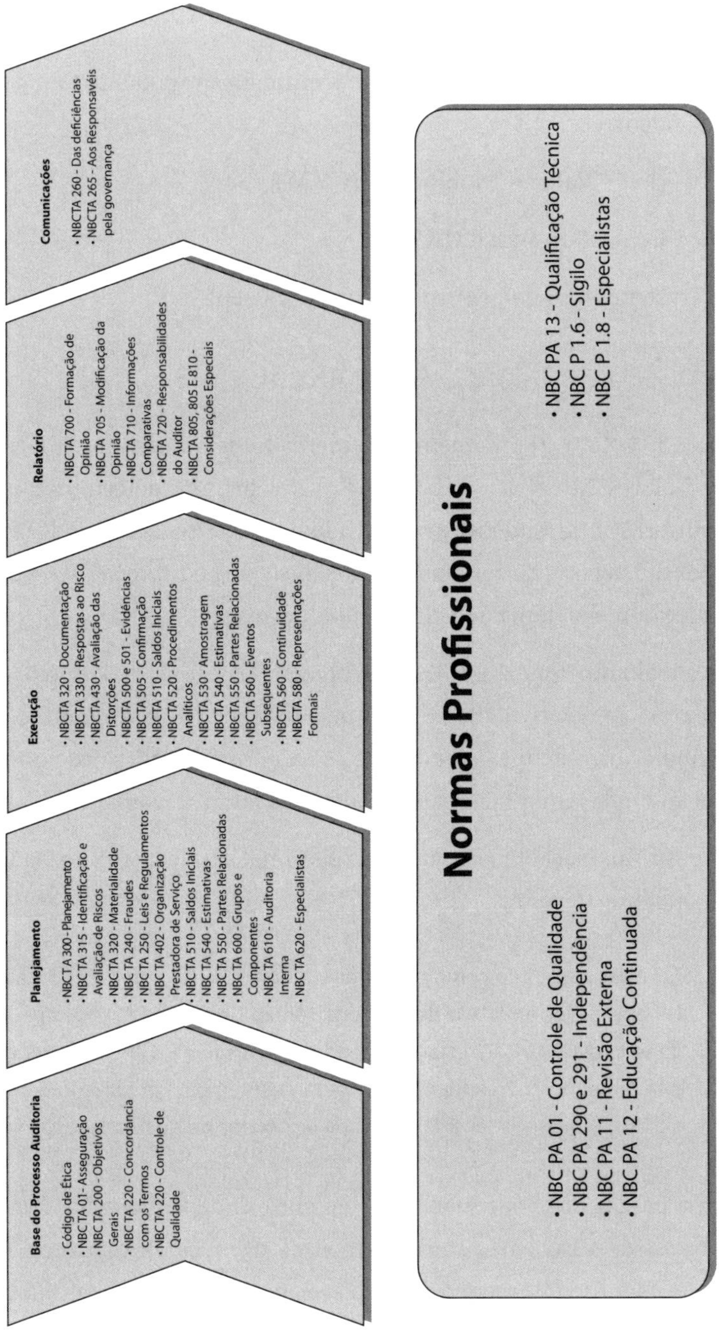

Fonte: elaborado pelos autores.

Figura 1.4 Normas e processos de auditoria.

1.4 OUTRAS ENTIDADES REGULADORAS

Além do CFC e do Ibracon, as seguintes entidades regulamentam a atividade de auditor independente:

- Comissão de Valores Mobiliários (CVM);
- Banco Central do Brasil (BCB);
- Superintendência de Seguros Privados (Susep).

1.4.1 Comissão de Valores Mobiliários (CVM)

A Lei n. 6.385/1976 regulamentou o mercado de valores mobiliários e criou a Comissão de Valores Mobiliários (CVM). Em seu art. 26, determinou que somente firmas de auditores independentes registrados nessa Comissão poderão auditar as demonstrações financeiras de companhias abertas e de instituições, sociedades ou empresas que integram o sistema de valores mobiliários.

Em 14 de maio de 1999, a CVM aprovou a Instrução n. 308, que dispõe sobre o registro e o exercício da atividade de auditoria independente, no âmbito do mercado de valores mobiliários, e define os deveres e as responsabilidades dos administradores das entidades auditadas no relacionamento com os auditores independentes.

Segundo essa instrução, para que o profissional seja registrado na categoria de auditor independente, deverá:

> [...] estar registrado como contador em Conselho Regional de Contabilidade (CRC); haver exercido atividade de auditoria contábil, por período não inferior a cinco anos, consecutivos ou não; estar exercendo regularmente a atividade de auditoria independente; possuir conhecimento permanentemente atualizado e estrutura operacional adequada; e ter sido aprovado em exame de qualificação técnica.

Segundo o art. 20, da citada instrução, o auditor independente deverá observar as normas emanadas do CFC e os pronunciamentos técnicos do Instituto Brasileiro de Auditores Independentes (Ibracon), no que se refere à conduta profissional, ao exercício da atividade e à emissão de pareceres e relatórios de auditoria.

Em relação à independência, a CVM estabelece que é vedado ao auditor adquirir ou manter títulos ou valores mobiliários de emissão da entidade auditada ou, embora questionado judicialmente por firmas de auditoria independente, prestar serviços de consultoria que possam caracterizar a perda da sua objetividade e independência, tais como: assessoria à reestruturação organizacional; avaliação de empresas; reavaliação de ativos; determinação de valores para efeito de constituição de provisões ou reservas técnicas e de provisões para contingências; planejamento tributário; remodelamento dos sistemas contábil, de informações e de controle interno; ou qualquer outro produto ou serviço que influencie ou que possa vir a influenciar as decisões tomadas pela administração da instituição auditada.

No que corresponde aos principais deveres, a CVM estabelece que o auditor deverá verificar se as demonstrações financeiras e o relatório de auditoria foram divulgados e se estes correspondem às demonstrações financeiras auditadas e ao relatório emitido; se as informações e análises contábeis e financeiras apresentadas no relatório da administração estão em consonância com as demonstrações financeiras auditadas; se as destinações do resultado da entidade estão de acordo com as disposições da lei societária, com seu estatuto social e com as normas emanadas da CVM; e o eventual descumprimento das disposições legais e regulamentares aplicáveis que tenham ou possam vir a ter reflexos relevantes nas demonstrações financeiras.

O auditor independente também deverá elaborar e encaminhar à administração e, quando solicitado, ao Conselho Fiscal, relatório circunstanciado que contenha suas observações a respeito de deficiências ou ineficácia dos controles internos e dos procedimentos contábeis da entidade auditada (**relatório de controle interno ou carta gerencial**); conservar pelo prazo mínimo de cinco anos, ou por prazo superior por determinação expressa da CVM, em caso de Inquérito Administrativo, toda a documentação relacionada com o exercício de suas funções; indicar com clareza, e em quanto, as contas que estão afetadas pela adoção de procedimentos contábeis conflitantes com os Princípios de Contabilidade (PCs), bem como os efeitos no dividendo obrigatório e no lucro ou prejuízo por ação, sempre que emitir relatório de revisão especial de demonstrações trimestrais ou parecer adverso ou com ressalva.

1.4.2 Banco Central do Brasil (BCB)

A Resolução n. 3.198/2004 do Banco Central do Brasil (BCB) alterou e consolidou a regulamentação relativa à prestação de serviços de auditoria independente para as instituições financeiras, demais instituições autorizadas a funcionar pelo BCB e para as câmaras e prestadores de serviços de compensação e de liquidação.

Para essa Resolução, devem ser auditados por auditores independentes registrados na CVM e que atendam aos requisitos mínimos fixados pelo BCB as demonstrações contábeis das instituições financeiras e demais instituições autorizadas a funcionar pelo BCB, exceto as sociedades de crédito ao microempreendedor, assim como as demonstrações das câmaras e prestadores de serviços de compensação e de liquidação.

No que se refere à independência, o BCB veda a contratação e a manutenção de auditor se ocorrer: a) as hipóteses de impedimento ou incompatibilidade previstas em normas da CVM, do CFC ou do Ibracon; b) participação acionária, direta ou indireta no auditado; c) existência de operação ativa ou passiva junto ao auditado; d) participação do auditor nos trabalhos de auditoria realizados pelo seu sucessor para a mesma entidade, em prazo inferior a um ano da substituição; e) pagamento de honorários e reembolso de despesas do auditor no ano com representatividade igual ou superior a 25% do faturamento total do auditor naquele ano.

A Resolução do BCB, citada, ainda estabelece que o auditor deve observar as normas, os regulamentos e procedimentos da CVM, do CFC e do Ibracon no que diz respeito a: a) deveres e responsabilidades dos auditores; b) exame de qualificação técnica; c) controle de qualidade interno; d) controle de qualidade externo; e) programa de educação continuada, inclusive com previsão de atividades específicas relativas à auditoria independente em instituições financeiras.

1.4.3 Superintendência de Seguros Privados (Susep)

A Resolução do Conselho Nacional de Seguros Privados (CNSP) n. 118/2004 dispôs sobre a prestação de serviços de auditoria independente para as sociedades seguradoras, de capitalização e entidades abertas de previdência complementar (entidades supervisionadas) e sobre a criação do Comitê de Auditoria.

Para o CNSP, as demonstrações financeiras das sociedades supervisionadas devem ser auditadas por auditor independente.

Além dos requisitos previstos pelo BCB, o CNSP também considera como motivo ensejador para a perda de independência a prestação concomitante de serviços de auditoria independente e de consultoria, principalmente com serviços que envolvam:

> [...]
>
> a) reavaliação de ativo permanente; b) avaliação patrimonial; c) determinação de valores para efeito de constituição das Provisões Técnicas e para Contingências; d) planejamento tributário; e e) auditoria interna.

Ainda segundo a citada Resolução, na prestação de serviços de auditoria independente para as sociedades supervisionadas, deverão ser observadas as normas e os procedimentos de auditoria determinados pela CVM, pelo CFC e pelo Ibracon, subsidiariamente, às disposições, legais e normas do CNSP e da Superintendência de Seguros Privados (Susep).

1.5 • NORMAS PROFISSIONAIS DO AUDITOR INDEPENDENTE

1.5.1 Ética profissional do auditor independente

A ética é o conjunto de preceitos, de regras e de princípios morais do dever-ser, que são fundamentais para a constituição de um caráter digno e para a criação de hábitos e costumes, dos quais resulte uma maneira de ser e agir íntegra, conforme as leis, os deveres e os costumes.

A ética profissional relaciona-se com o saber fazer e o saber conduzir-se de cada atividade, pois esses saberes estão intimamente interligados e são interdependentes. Representa, com efeito, a condição basilar para o exercício de qualquer profissão.

Diante do exposto, não se pode chegar a outra conclusão: ética profissional do auditor pode ser definida como o conjunto de regras de comportamento ou de conduta no exercício de suas atividades.

A Auditoria Independente de Demonstrações Financeiras deve ser conduzida em conformidade com as normas profissionais e exigências éticas. Não obstante, os auditores no Brasil não possuem um Código de Ética. Um dos motivos para essa lacuna é que a auditoria é uma atividade e não uma profissão regulamentada.

Nos termos da NBC TA 200 — Objetivos Gerais do Auditor Independente e a Condução da Auditoria em Conformidade com Normas de Auditoria, item A14,

> o auditor está sujeito a exigências éticas relevantes, inclusive as relativas à independência, no que diz respeito a trabalhos de auditoria de demonstrações contábeis. As exigências éticas relevantes abrangem o Código de Ética Profissional do Contabilista, relacionadas à Auditoria de Demonstrações Financeiras, bem como as NBC PAs aplicáveis.

Assim, em face da relação da Auditoria de Demonstrações Financeiras com a Contabilidade, o auditor pode perfeitamente observar os preceitos previstos no Código de Ética dos contabilistas, a saber:

- agir com zelo, diligência e honestidade;
- guardar sigilo;
- zelar pela sua competência;
- comunicar eventual circunstância adversa;
- inteirar-se das circunstâncias, antes de opinar;
- renunciar às funções em que se positive falta de confiança;
- manifestar a existência de impedimento para o exercício da profissão.

Esses princípios estão alinhados com os do Código de Ética da Ifac apresentados a seguir cujo cumprimento também é exigido dos auditores:

- integridade;
- objetividade;
- competência e zelo profissional;
- confidencialidade;
- comportamento (ou conduta) profissional.

Em relação à competência profissional, à independência e ao sigilo profissional (confidencialidade), o CFC aprovou resoluções específicas cujos resumos são apresentados a seguir.

1.5.2 Competência profissional

A competência técnico-profissional do auditor independente é requisito previsto na Resolução CFC n. 821/1997. Segundo essa norma, ela é assegurada pelo conhecimento atualizado dos Princípios de Contabilidade (PCs), das Normas Brasileiras de Contabilidade (NBCs), das técnicas administrativas, contábeis e de auditoria e da legislação específica aplicável.

O auditor deve ter conhecimento suficiente da atividade auditada. Assim, antes de aceitar o trabalho, ele deverá avaliar a estrutura organizacional, a complexidade das operações e o grau de exigência requerido para a sua realização.

O auditor deve recusar os serviços sempre que reconhecer não estar adequadamente capacitado para desenvolvê-los. Para evidenciar sua competência técnico-profissional, ele deverá participar de programas de educação continuada e submeter-se a exame de competência.

1.5.2.1 Educação Continuada

A Resolução CFC n. 1.146/2008 aprovou a NBC PA 12, que trata da Educação Profissional Continuada. Segundo essa norma, o auditor deverá comprovar a participação em programa de educação continuada, na forma regulamentada pelo CFC. Por educação continuada se entende a atividade programada, formal e reconhecida que o auditor independente deve desenvolver com o objetivo de manter, atualizar e expandir seus conhecimentos para o exercício profissional.

Conforme o item 6, da Resolução do CFC n. 1.146/2008, o auditor deve cumprir 96 pontos de Educação Profissional Continuada por triênio, sendo obrigatória a obtenção de, pelo menos, 20 pontos em cada ano do triênio. Portanto, a média é de 32 pontos por ano. A educação continuada é obtida por meio de: a) cursos certificados; b) seminários, conferências, painéis, simpósios, palestras, congressos, convenções e outros eventos; c) cursos de pós-graduação; d) cursos de extensão; e) docência em cursos certificados; f) docência em seminários, conferências, painéis, simpósios, palestras, congressos, convenções e outros eventos; docência em cursos de pós-graduação; g) bacharelado em Ciências Contábeis; e h) programas de extensão.

Também são consideradas a atuação como participante em comissões técnicas e profissionais, ser orientador ou membro de comissão de defesa de monografia, dissertação ou tese, ou realizar produção intelectual relacionada à contabilidade e à profissão contábil.

1.5.2.2 Exame de Competência Profissional

A Resolução CFC n. 1.109/2007 aprovou a NBC PA 13, que versa sobre a norma sobre o Exame de Qualificação Técnica para Registro no Cadastro Nacional de Auditores Independentes (CNAI) do CFC. O auditor, para poder exercer sua atividade, deverá submeter-se a exame de competência profissional, na forma regulamentada pelo CFC que, com a cooperação do Ibracon e de órgãos reguladores, empreende ações para que o exercício da auditoria independente seja realizado por profissionais qualificados técnica e eticamente. Esse exame tem por objetivo "aferir o nível de conhecimento e a competência técnico-profissional necessários para atuação na área da Auditoria Independente".

Para fins de qualificação técnica, o auditor deve realizar provas em que serão exigidos conhecimentos nas seguintes áreas: a) Ética Profissional; b) Legislação Profissional; c) Princípios de Contabilidade e Normas Brasileiras de Contabilidade, editados pelo CFC; d) Auditoria Contábil; e) Legislação Societária; f) Legislação e Normas de Organismos Reguladores do Mercado e g) Língua Portuguesa Aplicada. Há provas específicas para a área financeira e de seguros.

O candidato será aprovado se obtiver, no mínimo, 50% dos pontos das questões objetivas e 50% dos pontos das questões subjetivas previstos em cada prova, que serão aplicadas pelo menos uma vez em cada ano.

1.5.3 Independência

As Resoluções do CFC n. 1.311/2010 e 1.312/2010 versam, respectivamente, sobre as NBC PA 290 — Independência — Trabalhos de Auditoria e Revisão e NBC PA 291 — Independência — Outros Trabalhos de Asseguração.

A independência é atributo essencial para a realização da Auditoria de Demonstrações Financeiras. Por esse preceito ético, o auditor deve realizar seus exames sem se sujeitar a qualquer tipo de ameaça e sem qualquer tipo de interesse em relação ao auditado, a não ser a de emitir um relatório isento e pautado em critérios objetivos e imparciais.

Os princípios básicos que devem fundamentar qualquer regra de independência do auditor são: a) o auditor não deve auditar o próprio trabalho; b) o auditor não deve exercer funções gerenciais na entidade auditada; c) o auditor não deve auditar parentes; d) o auditor não deve auditar se tiver qualquer interesse econômico ou financeiro; e) o auditor não deve promover interesses da entidade auditada e f) o auditor não deve realizar trabalhos que gerem ou possam gerar conflitos de interesse.

Em resumo, **ser independente** é ser isento do objeto auditado, de modo a possibilitar um exame objetivo e transparente. É a capacidade do auditor de julgar e atuar com integridade e objetividade, permitindo opinar imparcialmente e com ceticismo.

Ser independente, segundo o CFC, compreende:

- Independência de pensamento: é a postura que permite a apresentação de conclusão que não sofra efeitos de influências que comprometam o julgamento, permitindo que o auditor atue com integridade, objetividade e ceticismo profissional. Em suma, é o auditor poder expressar opinião sem ser afetado por influências que comprometem o julgamento. Independência de pensamento significa o auditor **ser independente**;
- Aparência de independência: o auditor deve evitar fatos e circunstâncias que sejam tão significativos de modo que um terceiro com experiência, conhecimento e bom-senso conclua que sua integridade, objetividade ou ceticismo fiquem comprometidos. Aparência de independência significa para o auditor demonstrar, por sua prática e atitudes, que ele é independente.

Nos termos da Resolução do CFC n. 1.311/2010, que versa sobre as NBC PA 290 — Independência — Trabalhos de Auditoria e Revisão, além do atributo ético da independência, o auditor deve observar os seguintes princípios:

- Integridade: ser franco e honesto em todos os relacionamentos profissionais e comerciais.
- Objetividade: não permitir que comportamento tendencioso, conflito de interesse ou influência indevida de outros afetem o julgamento profissional ou de negócio.
- Competência profissional e devido zelo: manter o conhecimento e a habilidade no nível necessário para assegurar a prestação de serviços profissionais competente com base em acontecimentos atuais referentes à prática, legislação e técnicas, e agir diligentemente e de acordo com as normas técnicas e profissionais aplicáveis.
- Sigilo profissional: respeitar a confidencialidade das informações obtidas em decorrência de relacionamentos profissionais e comerciais e, portanto, não divulgá-las a menos que haja algum direito ou dever legal ou profissional

de divulgação, nem usar as informações para obtenção de vantagem pessoal ilícita pelo auditor ou por terceiros.

- Comportamento profissional: cumprir as leis e os regulamentos pertinentes e evitar qualquer ação que desacredite a profissão. As ameaças que afetam a independência do auditor são: de interesse próprio; de autorrevisão; de defesa de interesse do auditado; de familiaridade; e de intimidação.

Consoante o CFC, essas **ameaças à independência do auditor** podem ser assim definidas:

- Ameaça de interesse próprio: ocorre quando um auditor poderia auferir benefícios de um interesse financeiro no auditado. Esse tipo de ameaça influencia de forma não apropriada o julgamento ou o comportamento do auditor.
- Ameaça de autorrevisão: ocorre quando o trabalho anterior precisa ser reanalisado ou quando o auditor foi dirigente ou empregado ocupante de cargo que lhe permitia exercer influência direta e importante na administração do auditado. Ocorrendo esse tipo de ameaça, o auditor não estará em condições de avaliar apropriadamente os resultados alcançados.
- Ameaça de defesa de interesse: ocorre quando o auditor defende ou parece defender a posição ou a opinião do auditado. Esse tipo de ameaça ocorre quando o auditor promove ou defende posição do auditado a tal ponto que comprometa sua objetividade.
- Ameaça de familiaridade: ocorre quando há um relacionamento estreito entre o auditor e dirigentes ou empregados do auditado. Registre-se que, para essa ameaça ocorrer, não é necessário que exista relação de parentesco, mas que exista uma afinidade ou relacionamento longo ou tão próximo com o auditado, ao ponto que o auditor se torne solidário aos interesses daquele ou que aceite seu posicionamento sem muito questionar.
- Ameaça de intimidação: ocorre quando o auditor encontra obstáculos para agir objetivamente devido a ameaças, reais ou percebidas, por parte do auditado. Essa ameaça ocorre quando o auditor é dissuadido de agir de forma objetiva, em virtude de tentativas de influenciá-lo indevidamente.

Determinadas situações caracterizam a **perda de independência** do auditor:

- Interesse financeiro: a existência e importância de qualquer ameaça em face desse interesse dependem: a) da função da pessoa que detém o interesse; b) se o interesse é direto ou indireto e c) da materialidade do interesse.
- Operações de crédito e garantias: as seguintes transações são permitidas, se realizadas dentro das condições oferecidas a terceiros: a) operações de crédito para aquisição de veículo; b) arrendamento de veículo; c) saldos em cartão de crédito e d) operações de crédito para aquisição de imóveis, com garantia. Se a operação de crédito ou a garantia não são concedidos segundo procedimentos, prazos e condições de financiamento normais, surge a ameaça de interesse próprio e nenhuma salvaguarda pode reduzi-la a um nível aceitável.
- Relacionamentos comerciais: essas operações não podem ser relevantes de modo a criar uma ameaça de interesse próprio. Relacionamentos comerciais em condições diferenciadas, privilegiadas e relevantes com auditados afetam a independência. Esses relacionamentos incluem: a) ter interesse financeiro em empreendimento conjunto; b) arranjos para combinar um ou mais serviços ou produtos da firma com os do cliente; c) acordos de distribuição ou comercialização de produtos ou serviços.
- Relacionamentos familiares e pessoais: correspondem à proximidade do relacionamento familiar do auditor com o auditado ou de relacionamento pessoal do auditor com o auditado. Esse relacionamento cria séria ameaça à independência quando um familiar de membro de equipe de auditoria é empregado em cargo que exerce influência significativa sobre a posição financeira, o desempenho e os fluxos de caixa do auditado. A importância das ameaças depende de fatores como: a) cargo do familiar imediato e b) cargo do profissional na equipe de auditoria.
- Vínculos empregatícios anteriores: ocorrem se, durante o período coberto pela auditoria, o auditor atuou como empregado ocupando posição que lhe permitisse exercer influência significativa no objeto da auditoria. Nesse caso, a ameaça à perda de independência é tão significativa que nenhuma salvaguarda pode reduzi-la a um nível aceitável. Podem ser criadas ameaças de familiaridade ou de intimidação se a pessoa que exerça cargo que influencia a elaboração dos registros contábeis ou as demonstrações contábeis da entidade foi membro da equipe de auditoria ou vice-versa.

- Atuação como administrador do auditado: ocorre se, durante o período coberto pela auditoria, o auditor atuou como administrador, a perda de independência é tão significativa que nenhuma salvaguarda pode reduzi-la a um nível aceitável.
- Prestação de outros serviços — consultoria: a prestação desses serviços pode criar ameaças à independência do auditor. Os serviços a seguir podem caracterizar perda de independência: a) avaliação de empresas e reavaliação de ativos; b) assistência tributária, fiscal e parafiscal; c) auditoria interna; d) consultoria de sistema de tecnologia da informação; e) apoio em litígios, perícia judicial ou extrajudicial; f) finanças corporativas e assemelhados; g) seleção de executivos e h) registro (escrituração) contábil.
- Presentes e brindes: quando um auditor aceita presentes, brindes ou outros benefícios cujo valor não seja claramente insignificante, a perda de independência é caracterizada.
- Litígios em curso ou iminentes: quando há, ou é provável haver, um litígio entre o auditor e o auditado, pode ser criado o conflito de interesse.
- Incompatibilidade ou inconsistência do valor dos honorários: para que se caracterize a dependência financeira, é necessário que o conjunto dos honorários seja relevante dentro do total de honorários do auditor.
- Outras situações: os exemplos citados não são exaustivos. Assim, outras situações podem ensejar a perda de independência. Por esse motivo, o auditor deve avaliar se encontra em situação que possa ensejar perda de independência.

Para promover a contínua renovação da objetividade e do ceticismo do auditor, é requerida a rotação dos responsáveis técnicos pelos trabalhos na entidade auditada.

Assim, para impedir o risco de perda da objetividade, é necessária a aplicação das seguintes ações de rotação do pessoal de liderança da equipe de auditoria a intervalos menores ou iguais a cinco anos consecutivos e de observar o intervalo mínimo de três anos para o retorno do pessoal de liderança à equipe.

1.5.4 Sigilo profissional

A Resolução CFC n. 1.100/2007 estabelece que o auditor deve respeitar e assegurar o sigilo relativamente às informações obtidas durante seu trabalho na entidade auditada, não as divulgando sem autorização expressa da entidade auditada, salvo quando houver obrigação legal de fazê-lo. O sigilo profissional deve ser observado nas seguintes relações entre: a) o auditor e a entidade auditada; b) os auditores; c) os auditores e os organismos reguladores e fiscalizadores e d) o auditor e demais terceiros.

Além de preservar o sigilo, o auditor deve planejar e executar a auditoria com ceticismo profissional, reconhecendo que podem existir circunstâncias que causam distorção relevante nas demonstrações financeiras, bem como deve exercer julgamento profissional ao planejar e executar a auditoria de demonstrações financeiras.

O dever de manter o sigilo permanece mesmo após o término das relações contratuais. O auditor, quando previamente autorizado por escrito, pela auditada, deverá fornecer as informações julgadas necessárias ao trabalho do auditor independente que o suceder.

No que tange à guarda da documentação, o auditor, para fins de fiscalização, deve conservar em boa guarda, pelo prazo de 5 (cinco) anos, a partir da data da emissão de seu relatório, toda a documentação, papéis de trabalho, relatórios e pareceres relacionados com os serviços.

1.6 ● RESPONSABILIDADE LEGAL E CONTROLE DE QUALIDADE

1.6.1 Responsabilidade legal

Segundo o art. 177 da Lei n. 6.404/1976, as companhias abertas e as companhias fechadas de grande porte[6] devem ter suas demonstrações contábeis auditadas por auditor independente, registrado na CVM.

O art. 26 da Lei n. 6.385/1976 estabelece que os auditores independentes responderão, civilmente, pelos prejuízos que causarem a terceiros em virtude de culpa ou dolo no exercício das suas funções.

O auditor pode ser responsabilizado se não descobrir fraude significativa em face de negligência.

6 Companhias com o Ativo Total superior a R$ 240.000.000,00 ou com o valor de Receita Total superior a R$ 300.000.000,00.

1.6.2 Controle de qualidade

O controle de qualidade em auditoria é tratado pela Resolução CFC n. 1.201/2009, que estabelece que os auditores independentes devem garantir a qualidade dos serviços executados.

As regras e os procedimentos relacionados ao controle de qualidade devem ser devidamente documentados.

Os **requisitos para se aferir o controle de qualidade** são: competência, independência, capacitação e experiência do pessoal; planejamento, supervisão e revisão dos trabalhos e avaliação da carteira de clientes, bem como devem ser observados os seguintes princípios éticos:

- integridade;
- objetividade;
- competência profissional e devido zelo;
- confidencialidade e comportamento profissional.

A firma de auditoria deve estabelecer e manter um sistema de controle de qualidade que inclua políticas e procedimentos que tratam dos seguintes elementos:

- responsabilidades da liderança pela qualidade na firma;
- exigências éticas relevantes;
- aceitação e continuidade do relacionamento com clientes e de trabalhos específicos;
- recursos humanos;
- execução do trabalho;
- monitoramento.

Também devem ser estabelecidas políticas e procedimentos para designar pessoal apropriado com a competência e habilidades necessárias para: a) executar trabalhos de acordo com normas técnicas e exigências regulatórias e legais aplicáveis e b) permitir à firma e aos sócios encarregados dos trabalhos emitirem relatórios de auditoria e outros tipos de relatórios apropriados nas circunstâncias.

1.6.3 Revisão pelos pares

A revisão pelos pares, prevista na Resolução CFC n. 1.323/2011, objetiva assegurar a qualidade nos trabalhos de auditoria externa.

Para o CFC, a revisão pelos pares constitui-se em processo de acompanhamento e controle, que visa alcançar desempenho profissional da mais alta qualidade. Seu objetivo é a avaliação dos procedimentos adotados pelo auditor independente para assegurar a qualidade dos trabalhos desenvolvidos, ou seja, o atendimento das normas técnicas e profissionais estabelecidas pelo CFC e pelo Ibracon, e, quando aplicável, das normas emitidas por órgãos reguladores.

O CFC estabeleceu a revisão dos controles internos de qualidade por outros auditores independentes, pelo menos a cada quatro anos. Frise-se que, se o auditor tiver, na revisão anterior, relatórios emitidos pelo auditor-revisor com opinião adversa ou abstenção de opinião deve submeter-se à nova revisão no ano subsequente.

O processo da revisão pelos pares deve considerar a:

- obtenção, análise e avaliação das políticas e dos procedimentos de controle de qualidade;
- análise da adequação da informação recebida;
- confirmação da estrutura de controle interno;
- discussão sobre as eventuais falhas verificadas na revisão e as respectivas recomendações;
- elaboração do relatório de revisão e a carta de recomendações;
- preparação da documentação que evidencie as discussões realizadas.

1.6.4 Rodízio de auditores

Objetivando reduzir a possibilidade de comprometimento da qualidade dos serviços de auditoria externa, a CVM, o BCB e o CNSP estabeleceram o prazo máximo de cinco anos para o auditor manter a prestação de serviços a um mesmo cliente. É o denominado rodízio de auditores. É permitido o retorno do auditor ao mesmo cliente após o prazo mínimo de três anos.

1.6.5 Responsabilidade nos serviços de auditoria

No que tange à responsabilidades nos serviços, a Resolução CFC n. 821/1997 estabelece que o auditor deve aplicar o máximo de cuidado e zelo na condução dos seus trabalhos, bem como ser imparcial ao opinar.

O exame auditorial contábil não objetiva precipuamente a descoberta de erros e fraudes, mas o auditor deve considerar a possibilidade de sua ocorrência. Se ocorrerem fraudes ou erros relevantes, cabe ao auditor ressalvar seu parecer ou demonstrar que seus exames foram conduzidos conforme as Normas de Auditoria.

Capítulo 2

FORMA DE REALIZAÇÃO DA AUDITORIA

2.1 • AUDITORIA INTERNA

A auditoria interna é realizada por profissionais empregados pelo auditado ou por prestadores de serviços contratados para tal fim. Portanto, ela é parcialmente independente. Além das informações contábeis e financeiras, a auditoria interna se preocupa com os aspectos operacionais. Normalmente, a auditoria interna se reporta à presidência da organização, funcionando como um órgão de assessoramento.

A Intosai define a auditoria interna como:

> o meio funcional pelo qual os dirigentes de uma entidade certificam-se, com base em fontes internas, de que as atividades pelas quais são responsáveis estão sendo executadas de forma a minimizar a probabilidade de ocorrência de fraudes, erros ou práticas ineficientes e antieconômicas.[1]

O CFC, por meio da Resolução n. 986/2003, ainda em vigência, apresentou o seguinte conceito:

> A Auditoria Interna compreende os exames, análises, avaliações, levantamentos e comprovações, metodologicamente estruturados para a avaliação da integridade, adequação, eficácia, eficiência e economicidade dos processos, dos sistemas de informações e de controles internos integrados ao ambiente e de gerenciamento de riscos, com vistas a assistir à administração da entidade no cumprimento de seus objetivos.

1 ORGANIZAÇÃO INTERNACIONAL DE ENTIDADES FISCALIZADORAS SUPERIORES (Intosai). *Normas de auditoria*. Salvador: TCE, 1995. p. 37.

A atividade de Auditoria Interna está estruturada em procedimentos, com enfoque técnico, objetivo sistemático e disciplinado, e tem por finalidade agregar valor ao resultado da organização, apresentando subsídios para o aperfeiçoamento dos processos, da gestão e dos controles internos, por meio da recomendação de soluções para as não conformidades apontadas nos relatórios.

Os objetivos da função de auditoria interna são determinados pela administração. Nada obstante o grau de autonomia e de objetividade da função de auditoria interna, essa atividade, como dito, não é totalmente independente da entidade. Consequentemente, o auditor independente assume integral responsabilidade pela opinião expressa, mesmo nas hipótese de utilização do trabalho feito pelos auditores internos.

Nos termos da Resolução CFC n. 1.229/2009, que aprovou a NBC TA 610 — Utilização do Trabalho de Auditoria Interna, essa função é a atividade implantada pela administração que inclui, dentre outras: exame, avaliação e monitoramento da adequação e efetividade do controle interno. Portanto, auditores internos são os profissionais que executam as atividades da função de auditoria interna.

A auditoria interna, conforme a citada Resolução, é considerada relevante para a Auditoria Independente das Demonstrações Financeiras, se a natureza das suas responsabilidades e atividades estiver relacionada com os relatórios contábeis e se o auditor independente espera utilizar o trabalho dos auditores internos para modificar a natureza, a época ou reduzir a extensão dos procedimentos a serem executados.

Segundo o CFC, as **atividades da função de auditoria interna** podem incluir:

- monitoramento do controle interno;
- exame das informações contábeis e operacionais;
- revisão das atividades operacionais;
- revisão da conformidade com leis e regulamentos;
- gestão de risco; e
- governança.

A auditoria interna não se limita aos aspectos contábeis de uma organização, logo deve ser realizada, preferencialmente, por uma equipe multi e interdisciplinar.

A Resolução CFC n. 986/2003 estabelece que a auditoria interna deve assessorar a administração da entidade no trabalho de prevenção de fraudes e erros, obrigando-se a informá-la, sempre por escrito, sobre quaisquer indícios ou confirmações de irregularidades detectadas. Para o CFC:

> O termo "**fraude**" aplica-se a **ato intencional** de omissão e/ou manipulação de transações e operações, adulteração de documentos, registros, relatórios, informações e demonstrações contábeis, tanto em termos físicos quanto monetários.
> O termo "**erro**" aplica-se a **ato não intencional** de omissão, desatenção, desconhecimento ou má interpretação de fatos na elaboração de registros, informações e demonstrações contábeis, bem como de transações e operações da entidade, tanto em termos físicos quanto monetários. (grifos do autor)

Em uma auditoria interna, as informações sobre os assuntos relacionados ao exame são assim classificadas:

- Suficiente: é convincente, de forma que uma pessoa prudente possa entendê-la da mesma maneira que o auditor interno.
- Adequada: sendo confiável, propicia a melhor evidência alcançável, por meio do uso apropriado das técnicas de auditoria interna.
- Relevante: dá suporte às conclusões e às recomendações da auditoria interna.
- Útil: auxilia a entidade a atingir suas metas.

Os procedimentos da auditoria interna utilizados para a obtenção de informações, segundo o CFC, "constituem exames e investigações, incluindo **testes de observância** e **testes substantivos**, que permitem a obtenção de subsídios suficientes para fundamentar as conclusões e recomendações à administração". Essa classificação também prevalece para a auditoria externa.

Os **testes de observância** visam à obtenção de razoável segurança de que os controles internos estabelecidos pela administração estão em efetivo funcionamento. Na sua aplicação, devem ser considerados os seguintes procedimentos:

- Inspeção: verificação de registros, documentos e ativos tangíveis.
- Observação: acompanhamento de processo ou procedimento quando de sua execução.
- Investigação e confirmação: obtenção de informações perante pessoas conhecedoras das transações e das operações, dentro da entidade ou fora dela.

Os **testes substantivos** visam à obtenção de evidência quanto à suficiência, exatidão e validade dos dados produzidos pelos sistemas de informação da entidade.

O **relatório** é o documento por meio da qual a auditoria interna apresenta, a quem solicitou o trabalho, o resultado dos seus exames, devendo ser redigido com objetividade e imparcialidade, de forma a expressar, claramente, suas conclusões, recomendações e providências a serem tomadas pela administração da entidade. Ele deve abordar, no mínimo, os seguintes aspectos:

- o objetivo e a extensão dos trabalhos;
- a metodologia adotada;
- os principais procedimentos de auditoria aplicados e sua extensão;
- eventuais limitações ao alcance dos procedimentos de auditoria;
- a descrição dos fatos constatados e as evidências encontradas;
- os riscos associados aos fatos constatados; e
- as conclusões e as recomendações resultantes dos fatos constatados.

2.2 • AUDITORIA EXTERNA OU INDEPENDENTE

Auditoria externa ou auditoria independente é a auditoria sobre as demonstrações financeiras e outras informações, realizada por profissionais independentes registrados no Conselho Regional de Contabilidade (CRC) e externos ao ente auditado. Ou seja, que não são empregados da administração ou a ela vinculados. Essa auditoria é normalmente realizada por firmas de auditoria, com o objetivo precípuo de emitir uma opinião independente, com base em normas técnicas, sobre a adequação ou não das demonstrações financeiras, assim como, em certos casos, um relatório sobre a regularidade das operações e/ou sobre o resultado da gestão financeira e administrativa. São chamados relatórios gerenciais ou de controle interno.

A auditoria externa ou auditoria independente é realizada por especialistas contratados pela organização auditada, ou por imposição contratual ou normativa.

Segundo a Resolução do CFC n. 1.203/2009, a auditoria das demonstrações financeiras, por vezes considerada como sinônimo de auditoria externa, objetiva apresentar uma opinião, em conformidade com as normas de auditoria e exigências éticas, sobre se essas demonstrações foram elaboradas, em todos os aspectos relevantes, observando-se uma estrutura de relatório financeiro aplicável, que possibilite maior confiança por parte dos seus usuários.

O Glossário elaborado por Everard e Wolter apresenta a seguinte definição:

> Auditoria realizada por um organismo externo e independente da entidade controlada, tendo por objetivo, por um lado, emitir parecer sobre as contas e a situação financeira, a regularidade e a legalidade das operações e/ou sobre a gestão financeira e, por outro, elaborar relatórios correspondentes.[2]

2.3 • RELAÇÃO DA AUDITORIA EXTERNA COM A AUDITORIA INTERNA

Os objetivos do auditor externo ou independente, quando a função de auditoria interna for considerada relevante, são: a) determinar se e em que extensão deve utilizar um trabalho específico dos auditores internos e b) se utilizar esse trabalho, determinar se ele é adequado para os fins da auditoria.

Para determinar se é provável que o trabalho dos auditores internos seja adequado para os fins da auditoria, o auditor externo ou independente deve avaliar:

- a objetividade da função de auditoria interna;
- a competência técnica dos auditores internos;
- se é provável que o trabalho dos auditores internos seja realizado com o devido zelo profissional; e
- se é provável que haja comunicação eficaz entre os auditores internos e o auditor.

Para determinar o efeito planejado do trabalho dos auditores internos na natureza, época ou extensão dos procedimentos, o auditor externo ou independente deve considerar:

- a natureza e o alcance do trabalho específico executado, ou a ser executado, pelos auditores internos;

2 EVERARD, P.; WOLTER; D. *Seleções de termos e expressões utilizados em matéria de auditoria externa das finanças públicas*. Sydney: Intosai, 1989. p. 187.

- os riscos avaliados de distorção relevante nas transações, saldos contábeis e divulgações e
- o grau de subjetividade envolvido na avaliação da evidência de auditoria coletada pelos auditores internos como suporte para as afirmações relevantes.

No Brasil, a prática da auditoria externa ou independente está regulamentada pelo CFC, pela CVM, pelo BCB e pelo CNSP. Já a auditoria interna contábil é regulamentada pelo CFC.

Como descrito, conforme o art. 177 da Lei n. 6.404/1976, as demonstrações financeiras das companhias abertas devem observar as normas expedidas pela CVM e são obrigatoriamente auditadas por auditores independentes ou externos registrados na mesma Comissão. As companhias de grande porte também devem ser auditadas por auditorias independentes. Segundo o art. 142, IX da citada Lei, compete ao conselho de administração, entre outras atribuições, escolher e destituir os auditores independentes.

2.4 PRINCIPAIS DIFERENÇAS ENTRE A AUDITORIA INTERNA E A EXTERNA OU INDEPENDENTE

As principais diferenças entre a auditoria interna e a auditoria externa ou independente são:

Quadro 2.1 Auditoria interna x Auditoria Externa ou Independente.

Auditoria interna	Auditoria externa ou independente
É executada por empregado da organização ou empresa auditada. Portanto, é realizada por profissionais que possuem uma independência relativa. É comum a terceirização dos serviços de auditoria interna.	O profissional que a realiza não possui qualquer vínculo empregatício nem relação de interesse com a empresa auditada.
O auditor interno possui independência relativa, pois na qualidade de empregado ele somente deve ser independente em relação às atividades e às pessoas cujo trabalho está sob escopo do seu exame, devendo subordinar-se às necessidades da administração.	O auditor externo é independente em relação à empresa auditada. Não pode ser influenciado por fatores estranhos, por preconceitos ou quaisquer outros elementos que resultem em perda, efetiva ou aparente, de sua independência.

Continua

Continuação

Auditoria interna	Auditoria externa ou independente
Objetiva atender às necessidades e aos interesses da administração. Logo a extensão (escopo) dos seus trabalhos será sempre definido em função dos anseios da alta direção.	Os objetivos fundamentais são atender às necessidades de terceiros interessados pela empresa auditada, notadamente os acionistas que nela estão investindo capital, no que tange à adequação das informações contábeis.
A avaliação do sistema de controle interno é realizada para, entre outras finalidades, desenvolver, aperfeiçoar e para induzir ao cumprimento de normas.	A revisão do controle interno atende às normas de auditoria e objetiva determinar a extensão (escopo) do exame das informações contábeis.
Não se restringe aos assuntos financeiros, englobando também as áreas operacionais.	O exame está limitado aos aspectos financeiros. O enfoque está voltado para as demonstrações financeiras.
Os exames são direcionados para a identificação de erros e fraudes.	Os trabalhos devem ser planejados de modo a identificar erros e fraudes que ocasionem efeitos relevantes nas demonstrações financeiras.
As áreas objeto de auditoria são continuadamente revisadas. A periodicidade é definida pela administração.	As informações comprobatórias das demonstrações financeiras são auditadas periodicamente, geralmente em base anual.

Fonte: ARAÚJO, Inaldo da Paixão S.; ARRUDA, Daniel Gomes; BARRETTO, Pedro Humberto Teixeira. *Auditoria contábil.* São Paulo: Saraiva, 2009. p. 32.

Capítulo 3

PLANEJAMENTO DE AUDITORIA DE DEMONSTRAÇÕES FINANCEIRAS

3.1 • CONCEITO

O auditor executa seus exames com base em critérios de seleção previamente definidos na fase de planejamento. É justamente na realização do planejamento da auditoria que reside uma das principais dificuldades do processo, pois é nesse momento que o auditor definirá o que será feito e o modo e os meios para se alcançar esse objetivo.

Planejar é a técnica de se pensar hoje as implicações futuras de uma decisão que pode ser ou não tomada agora. É o prever hoje o que poderá ocorrer amanhã. É função basilar da administração. E isso vale também para a atividade auditorial.

Em sentido genérico, planejamento significa a "fixação antecipada do que se deseja atingir (objetivo) e do que deve ser feito para alcançá-lo (estratégias, táticas, ações), com a definição do quando (cronograma de tempo), em que sequência (encadeamento), como (metodologia), quem (responsabilidade), onde (localização), por que (fundamentação) e a que custo (orçamento)".

O **planejamento de auditoria** representa a fase na qual se estabelece a estratégia geral das atividades auditoriais a serem desenvolvidas, incluindo a definição da natureza, oportunidade e extensão dos exames, de modo que possa desempenhar uma auditoria eficiente, eficaz e efetiva.

O CFC, através da NBC TA 300 — Planejamento de Auditoria, aprovada pela Resolução n. 1.211/2009, apresenta o seguinte conceito para o planejamento de auditoria:

> [...] é o processo contínuo e interativo que possibilita a realização de uma auditoria de maneira eficaz e envolve a definição de estratégia global para o trabalho e o desenvolvimento de plano de auditoria. A natureza e extensão do planejamento variam em função do porte e complexidade do auditado, da experiência dos auditores e das mudanças nas circunstâncias do trabalho.

Segundo ainda o CFC, o planejamento de auditoria é realizado para auxiliar o auditor:

- a dedicar atenção às áreas importantes;
- a identificar e resolver tempestivamente problemas potenciais;
- a executar a auditoria de forma eficaz e eficiente;
- na seleção da equipe e suas responsabilidades;
- na direção, supervisão e revisão; e
- na coordenação do trabalho de outros auditores e especialistas.

O planejamento pressupõe, portanto, adequado nível de conhecimento sobre as atividades, os fatores econômicos, legislação aplicável e as práticas operacionais da entidade, e o nível geral de competência de sua administração. Ao planejar uma auditoria, o auditor deve objetivar:

- obter conhecimento das atividades da entidade, para identificar eventos e transações relevantes que afetem as demonstrações financeiras;
- propiciar o cumprimento dos serviços contratados com a entidade dentro dos prazos e compromissos previamente estabelecidos;
- assegurar que as áreas importantes da entidade e os valores relevantes contidos em suas demonstrações contábeis recebam a atenção requerida;
- identificar os problemas potenciais da entidade;
- identificar a legislação aplicável à entidade;
- estabelecer a natureza, a oportunidade e a extensão dos exames a serem efetuados, em consonância com os termos constantes na sua proposta de serviços para a realização do trabalho;
- definir a forma de divisão das tarefas entre os membros da equipe de trabalho, quando houver;

- facilitar a supervisão dos serviços executados, especialmente quando forem realizados por uma equipe de profissionais;
- propiciar a coordenação do trabalho a ser efetuado por outros auditores independentes e especialistas;
- buscar a coordenação do trabalho a ser efetuado por auditores internos;
- identificar os prazos para entrega de relatórios, pareceres e outros informes decorrentes do trabalho contratado com a entidade.

Como descrito, o planejamento de auditoria representa a fase inicial e basilar de todo o processo. Nele, o auditor procura compreender o ente auditado, suas áreas-chave, avaliar os fatores internos e externos que podem afetar a execução do trabalho e definir as finalidades da ação a ser realizada. O auditor responsável deve planejar seus exames de modo a atender aos objetivos da auditoria de forma eficiente, eficaz e efetiva. O planejamento do trabalho de auditoria deve ser realizado conforme as Normas Profissionais de Auditor Independente, e de acordo com os prazos e demais compromissos assumidos.

3.2 FATORES QUE INFLUENCIAM O PLANEJAMENTO DE AUDITORIA

O planejamento de auditoria deve considerar os fatores mais relevantes na execução dos trabalhos, especialmente os seguintes na forma preconizada pelo CFC:

- o conhecimento detalhado das práticas contábeis adotadas pela entidade e as alterações procedidas em relação ao exercício anterior;
- o conhecimento detalhado do sistema contábil e de controles internos da entidade e seu grau de confiabilidade;
- os riscos de auditoria e a identificação das áreas importantes da entidade, quer pelo volume de transações, quer pela complexidade de suas atividades;
- a natureza, oportunidade e extensão dos procedimentos de auditoria a serem aplicados;
- a existência de entidades associadas, filiais e partes relacionadas;
- o uso dos trabalhos de outros auditores independentes, especialistas e auditores internos;

- a natureza, conteúdo e oportunidade dos pareceres, relatórios e outros informes a serem entregues à entidade; e
- a necessidade de atender a prazos estabelecidos por entidades reguladoras ou fiscalizadoras e para a entidade prestar informações aos demais usuários externos.

Na fase do planejamento, o auditor deve obter um juízo adequado sobre a continuidade normal das atividades do ente auditado, que será considerada suficiente se nada de anormal ocorrer pelo prazo de um ano após a data das demonstrações financeiras.

Na hipótese de o auditor verificar indícios que ponham em dúvida essa continuidade, especialmente quanto à realização dos ativos, devem ser adotados procedimentos adicionais para a formação de juízo adequado.

Na fase do planejamento, os seguintes pressupostos deverão ser considerados pelo auditor na **análise da continuidade da entidade auditada**:

- indicadores financeiros: passivo a descoberto; posição negativa do capital circulante líquido; empréstimos com prazo fixo e vencimentos imediatos, sem possibilidade de renovação pelos credores; excessiva participação de empréstimos de curto prazo, sem a possibilidade de alongamento das dívidas ou capacidade de amortização; índices financeiros adversos de forma contínua; prejuízos substanciais de operação e de forma contínua; retração ou descontinuidade na distribuição de resultados; incapacidade de devedores na data do vencimento; dificuldades de acertos com credores; alterações ou renegociações com credores; e incapacidade de obter financiamentos para desenvolvimento de novos negócios ou produtos, e inversões para aumento da capacidade produtiva.
- indicadores de operação: perda de elementos-chave na administração sem modificações ou substituições imediatas; perda de mercado, franquia, licença, fornecedor essencial ou financiador estratégico; e dificuldades de manter mão de obra essencial para a manutenção da atividade.
- outras indicações: não cumprimento de normas legais, regulamentares e estatutárias; contingências capazes de não serem cumpridas pela entidade; e mudanças das políticas governamentais que afetam a entidade.

A Resolução n. 1.211/2009 destaca as informações e condições para elaborar o planejamento de auditoria e que são reproduzidas a seguir.

Quadro 3.1 Planejamento de auditoria de acordo com a Resolução n. 1.211/2009.

(a) Características do trabalho
- estrutura do relatório financeiro (das demonstrações contábeis);
- escopo da auditoria;
- natureza das relações entre as entidades ligadas;
- extensão dos exames realizados por outros auditores;
- natureza dos segmentos de negócio, inclusive a necessidade de conhecimento especializado;
- padrão monetário na moeda de apresentação das demonstrações contábeis;
- necessidade de auditoria obrigatória de demonstrações contábeis individuais e consolidadas;
- utilização dos trabalhos dos auditores internos;
- utilização pela entidade de prestadores de serviço;
- utilização de evidência obtida em auditorias anteriores;
- impacto da tecnologia da informação nos procedimentos de auditoria;
- a coordenação da cobertura prevista e a época do trabalho de auditoria com revisão das informações financeiras intermediárias;
- a disponibilidade do pessoal e de informações do auditado.

(b) Objetivos de relatório, época da auditoria e natureza da comunicação
- cronograma;
- reuniões com a administração para discutir a natureza, época e extensão dos trabalhos;
- discussão com a administração em relação ao tipo e ao prazo de emissão do relatório e outras comunicações;
- comunicação aos auditores em relação ao tipo e ao prazo de emissão do relatório;
- natureza e época previstas de comunicação entre a equipe de trabalho;
- se existe a previsão de outras comunicações com terceiros.

(c) Fatores significativos, atividades preliminares do trabalho e conhecimento obtido em outros trabalhos
- determinação de materialidade;
- identificação preliminar de áreas de maior risco;
- ênfase em relação à necessidade de manter postura questionadora e exercer ceticismo profissional;
- resultados de auditorias anteriores;
- discussão de temas que possam afetar a auditoria;
- evidência do compromisso da administração no desenho, implementação e manutenção de controles internos;
- importância dada aos controles internos;
- volume de operações;

Continua

- desenvolvimento de negócios significativos;
- desenvolvimento setoriais significativos;
- mudanças significativas na estrutura de relatórios financeiros, tais como mudanças nas normas contábeis;
- outras mudanças significativas relevantes.

(d) Natureza, época e extensão dos recursos

- orçamento do trabalho, considerando o tempo apropriado previsto para áreas onde existem riscos.

Como se pode inferir das diretrizes emanadas do CFC, o auditor, ao elaborar o planejamento dos seus trabalhos, deve considerar precipuamente o grau de confiança que pode ser depositado nos sistemas contábeis e de controle interno, a existência de possíveis áreas de risco, que possam levar à emissão de uma opinião inadequada, assim como deverá definir, com precisão, quais os procedimentos que serão utilizados no transcurso dos exames auditoriais e em qual extensão e momento serão aplicados. É nessa fase que o auditor procura conhecer o ambiente geral de controle da organização, seus sistemas de informação (conjunto de subsistemas inter-relacionados que funcionam em sintonia para coletar, processar, armazenar, transformar e distribuir informações para fins de planejamento, tomada de decisões e controle) e realizar a revisão dos controles internos.

Não é necessária a realização de uma análise completa a cada auditoria. Admite-se, geralmente, que os trabalhos desenvolvidos nessa análise somente sejam elaborados de forma ampla, uma vez a cada três ou quatro anos. Contudo, nos intervalos entre as auditorias, as informações cadastradas devem ser devidamente acompanhadas, examinadas, avaliadas e, se aplicável, atualizadas.

É importante frisar que somente devem ser arquivadas as informações essenciais e os assuntos importantes que afetam ou possam afetar o ente auditado, de modo a manter os dados relativos à auditoria atualizados e fornecer os subsídios necessários para os auditores realizarem suas atividades.

Para permitir o **completo conhecimento do ente auditado**, devem ser obtidos os seguintes documentos e informações: legislação básica (estatutos e leis que podem afetar os negócios da entidade), regimento interno, organogramas, orçamento, plano de contas, relatórios gerenciais, planos e propostas políticas, sistemas e pessoas-chave, manuais de normas e procedimentos, descrição das atividades (recursos humanos, financeiros e tecnológicos, principais transações e compromissos), entre outros.

O auditor também deve avaliar se há evidência de normalidade pelo prazo de um ano após a data das demonstrações contábeis, que é suficiente, segundo o CFC, para caracterizar a continuidade dos negócios.

As fontes utilizadas pelo auditor para a realização da fase do planejamento estão demonstradas na figura a seguir.

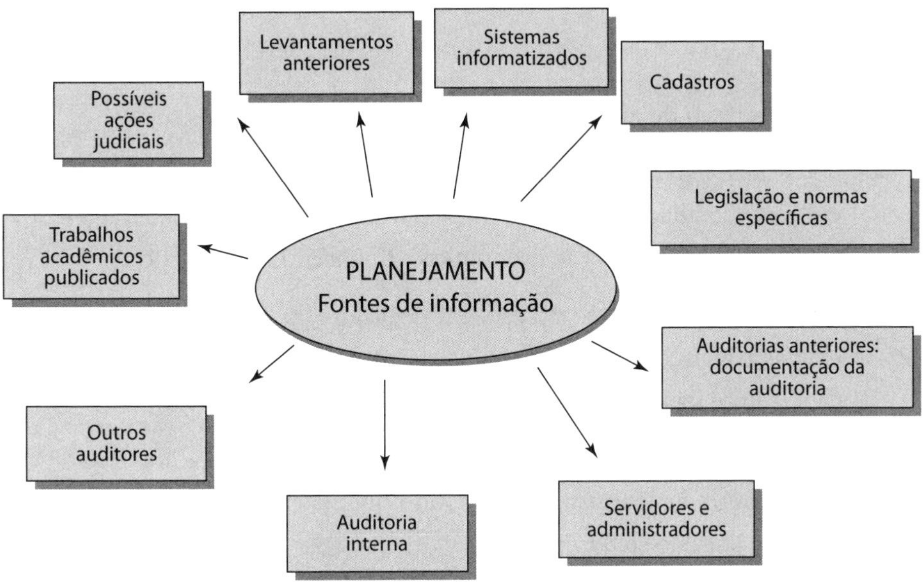

Fonte: elaborado pelos autores.

Figura 3.1 ● Fontes do planejamento.

3.3 ● ANÁLISE DE RISCO DE AUDITORIA

Na fase de planejamento, o auditor deve procurar avaliar o risco envolvido no processo auditorial. **Risco de auditoria** é a possibilidade de o auditor vir a emitir uma opinião tecnicamente inadequada sobre demonstrações financeiras significativamente incorretas.

Consoante a NBC TA 315 — Identificação e Avaliação dos Riscos de Distorção Relevante por meio do Entendimento da Entidade e do seu Ambiente, aprovada pela Resolução CFC n. 1.212/2009, "o auditor deve identificar e avaliar os riscos de distorção relevante, seja provocada por fraude ou por erro, nos níveis de demonstração financeira, por meio do entendimento da entidade, do seu ambiente e controle interno, proporcionando uma base para o planejamento e a implementação das respostas aos riscos identificados de distorção relevante".

Os ricos de auditoria podem ser classificados em:

- de distorção;
- de detecção.

A análise de risco de distorção envolve a relevância em dois níveis:

- geral: demonstrações financeiras tomadas no seu conjunto, bem como as atividades, qualidade da administração, avaliação do sistema contábil e de controles internos e situação econômica e financeira da entidade;
- no âmbito da afirmação ou específicos: saldo das contas ou natureza e volume das transações. Neste nível, os riscos de auditoria podem ser agrupados da seguinte forma:
    - Risco Inerente: é a suscetibilidade de uma afirmação a um erro ou classificação indevida material, supondo que não haja controles. Ou seja, é o risco por não se ter controle.
    - Risco de Controle: é o risco de que um erro ou classificação indevida possam constar de uma afirmação não sejam evitados ou detectados tempestivamente pelos controles internos da entidade. Ou seja, embora exista o controle, ele pode falhar.

O risco de detecção é o risco de que o auditor não detecte um erro ou classificação indevida relevante. Está relacionado, portanto, à ação do auditor.

O **risco de auditoria** resulta da combinação da possibilidade de existência de erros relevantes e da ocultação dos erros, por meio de procedimentos intencionais.

Para facilitar as consultas, durante a realização dos exames, as informações obtidas sobre risco devem ser cuidadosamente compiladas no plano de auditoria, cadastradas e arquivadas.

No **processo de avaliação do risco** o auditor, segundo o CFC, deverá analisar:

- a função e envolvimento dos administradores nas atividades da entidade;
- a estrutura organizacional e os métodos de administração adotados, especialmente quanto a limites de autoridade e responsabilidade;
- as políticas de pessoal e segregação de funções;
- a fixação, pela administração, de normas para inventário, para conciliação de contas, preparação de demonstrações contábeis e demais informes adicionais;
- as implantações, modificações e acesso aos sistemas de informação computadorizada, bem como acesso a arquivos de dados e possibilidade de inclusão ou exclusão de dados;
- o sistema de aprovação e registro de transações;
- as limitações de acesso físico a ativos e registros contábeis e/ou administrativos;
- as comparações e análises dos resultados financeiros com dados históricos e/ou projetados.

Os **procedimentos de avaliação de riscos** são utilizados pelo auditor para fornecer uma base para a identificação e avaliação de riscos de distorção relevante nas demonstrações financeiras. Esses procedimentos por si só, porém, não fornecem evidências apropriadas e suficientes para suportar o relatório do auditor.

Para o CFC, os procedimentos de avaliação de riscos incluem: a) indagações à administração e a empregados que possuam informações com probabilidade de auxiliar na identificação de riscos de distorção relevante devido à fraude ou erro; b) procedimentos analíticos; c) observação e inspeção.

Os **procedimentos analíticos** ajudam a identificar a existência de transações ou eventos, valores, índices e tendências não usuais que possam indicar assuntos com implicação para a auditoria. Relações não usuais ou inesperadas que sejam identificadas podem auxiliar o auditor na identificação de riscos de distorção relevante, especialmente por fraude.

A observação e a inspeção podem apoiar as indagações junto à administração e fornecer informações sobre a entidade e seu ambiente. Exemplos de tais procedimentos de auditoria incluem a observação e inspeção de: operações da entidade; documentos (planos e estratégias de negócio), registros e manuais de controles internos;

relatórios elaborados pela administração (relatórios gerenciais trimestrais e demonstrações financeiras intermediárias) e pelos responsáveis da governança (minutas de reunião do conselho de administração); dependências e instalações industriais da entidade.

Em resumo, segundo ainda a citada norma do CFC, "o auditor deve identificar e avaliar os riscos de distorção relevante: a) no nível das demonstrações financeiras; e b) no nível de afirmação para classes de transações, saldos de conta e divulgações, para fornecer uma base para a concepção e a execução de procedimentos adicionais de auditoria".

Consoante a Resolução CFC n. 1.214/2009, que aprova a NBC TA 330 — Resposta do Auditor aos Riscos Avaliados, o auditor deve planejar e implementar respostas para tratar dos riscos avaliados de distorção relevante nas demonstrações financeiras. Também deve planejar e executar procedimentos adicionais de auditoria, cuja natureza, época e extensão se baseiam e respondem aos riscos avaliados de distorção relevante no nível de afirmações.

A natureza do procedimento de auditoria refere-se à sua finalidade (teste de controle ou procedimento substantivo) e ao seu tipo (inspeção, observação, indagação, confirmação, recálculo, reexecução ou procedimento analítico). A natureza dos procedimentos de auditoria é de suma importância na resposta aos riscos avaliados.

Os procedimentos de auditoria, portanto, são assim classificados:

- Teste de controle: planejado para avaliar a efetividade operacional dos controles na prevenção ou detecção e correção de distorções relevantes no nível de afirmações.
- Procedimento substantivo: planejado para detectar distorções relevantes no nível de afirmações. Os procedimentos substantivos incluem: a) testes de detalhes (de classes de transações, de saldos de contas e de divulgações); e b) procedimentos analíticos substantivos.

O Capítulo 5 aborda mais detalhadamente os procedimentos de auditoria.

3.4 • CONTROLE INTERNO

3.4.1 Conceito e procedimentos

Segundo o Instituto Americano dos Contadores Públicos Certificados (AICPA), o controle interno é "o plano da organização e todos os métodos e medidas coordenados, adotados dentro da empresa para salvaguardar seus ativos, verificar a adequação e confiabilidade de seus dados contábeis, promover a eficiência operacional e fomentar o respeito e a obediência às políticas administrativas fixadas pela gestão".

A IFAC[1] assim define o controle interno:

> O sistema de controle interno constitui-se do plano organizacional, bem como da totalidade de métodos e procedimentos adotados pela administração de uma entidade para ajudar a alcançar o objetivo administrativo de assegurar, tanto quanto possível, a condução ordeira e eficiente de seus negócios, incluindo observância de políticas e normas administrativas, a salvaguarda física dos ativos, a prevenção e detecção de erros e irregularidades, a integridade dos registros contábeis e a tempestiva preparação de demonstrações contábeis confiáveis. O sistema de controle interno vai além dos assuntos que se relacionam diretamente com as funções do sistema contábil. Os elementos do sistema de controle interno, isoladamente considerados, são conhecidos como controles internos, os quais, agregadamente, são conhecidos como controle interno.

Para a NBC TA 315 — Identificação e Avaliação dos Riscos de Distorção Relevante por meio do Entendimento da Entidade e do seu Ambiente, aprovada pela Resolução CFC n. 1.212/2009, controle interno:

> É o processo planejado, implementado e mantido pelos responsáveis da governança, administração e outros funcionários para fornecer segurança razoável quanto à realização dos objetivos da entidade no que se refere à confiabilidade dos relatórios financeiros, efetividade e eficiência das operações e conformidade com leis e regulamentos aplicáveis. O termo "controles" refere-se a quaisquer aspectos de um ou mais dos componentes do controle interno.
>
> O controle interno é planejado, implementado e mantido para enfrentar riscos de negócio identificados que ameacem o cumprimento de qualquer um dos objetivos da entidade com relação: à confiabilidade das informações e demonstrações contábeis da entidade; à efetividade e eficiência de suas operações; e sua conformidade com leis e regulamentos aplicáveis.

1 INTERNATIONAL FEDERATION OF AUTOMATIC CONTROL (IFAC). *Guia de orientação sobre auditoria internacional*, n. 5.

Os **procedimentos de controle** são os instrumentos utilizados pela administração para assegurar o cumprimento das políticas, metas e diretrizes, e incluem:

- relatar, revisar e aprovar conciliações;
- conferir a precisão aritmética dos registros;
- controlar aplicativos e o ambiente de sistemas de informação computadorizados, por exemplo, estabelecendo controles sobre mudanças de programas de computador e acesso a arquivos de dados;
- manter e revisar balancetes e contas de controle;
- aprovar e controlar documentos;
- comparar dados internos com fontes externas de informações;
- comparar os resultados das contagens de caixa, títulos e estoques com os registros;
- comparar e analisar os resultados financeiros com os valores orçados;
- manual de normas e procedimentos;
- rodízio e segregação de funções;
- rotinas de verificação e controle;
- elaboração de balancetes de verificação;
- limites de alçada;
- acesso limitado e autorizado a ativos e a registros contábeis;
- acompanhamento e comparação do tipo custo previsto x realizado.

Se a administração adotar um adequado sistema de controle interno, ela poderá ter uma razoável segurança de que os ativos estão salvaguardados contra o mau uso ou utilização não autorizada, bem como saber se os registros contábeis são fontes confiáveis para a elaboração de demonstrações financeiras adequadas.

A seguir, são apresentados alguns procedimentos específicos de controle interno orientados para atingir os mencionados objetivos por área de balanço:

Quadro 3.2 Procedimentos específicos de controle interno.

Caixa e bancos	Clientes	Estoques	Imobilizado	Fornecedores
Plano de contas analítico	Plano de contas analítico	Plano de contas analítico	Plano de contas analítico	Plano de contas analítico
Controle dos depósitos	Análise de créditos	Giro x venda	Controle de baixas	Cadastro de fornecedores
Elaboração e revisão tempestiva de conciliação bancária	Elaboração e revisão tempestiva de conciliações	Elaboração e revisão permanente dos estoques	Elaboração e revisão permanente dos estoques	Elaboração e revisão tempestiva das contas e vencimentos
Segregação de funções	Segregação de funções	Segregação de funções	Segregação de funções	Segregação de funções
Rodízio de funções	Rodízio de funções	Rodízio de funções	Rodízio de funções	Rodízio de funções
Capacitação técnica dos funcionários	Capacitação técnica dos funcionários	Capacitação técnica dos funcionários	Capacitação técnica dos funcionários	Capacitação técnica dos funcionários
Regras para aprovação de documentos	Regras para aprovação de documentos	Regras para aprovação de documentos	Regras para aprovação de documentos	Regras para aprovação de documentos
Limites de alçada	Limites de alçada	Limites de alçada	Limites de alçada	Limites de alçada
Controle sobre cheques devolvidos	Critérios para cobrança	Controle de entradas e saídas	Controle de entradas e saídas	Exame da liquidação subsequente do saldo
Inspeção periódica independente	Inspeção periódica independente	Inspeção periódica independente	Inspeção periódica independente	Análise dos adiantamentos a fornecedores
Controle sobre cheques cancelados	Análise da provisão para devedores duvidosos	Condições de armazenagem e transportes internos	Sistema integrado com a contabilidade	Análise das idades dos saldos
Seguro para quebra de caixa	Sistema integrado de contas a receber com contabilidade	Seguro contra perdas	Seguro contra perdas	Circularização

Continua

Continuação

Caixa e bancos	Clientes	Estoques	Imobilizado	Fornecedores
Segurança sobre saldo de caixa	SAC (Serviço de atendimento ao cliente)	Estoque mínimo x estoque máximo (ênfase nos relevantes)	Controle através de plaquetas de identificação	Sistema integrado com a contabilidade
Fundo fixo de caixa	Classificação dos clientes	Controle de custos integrado	Análise de obsolescência	
	Análise da idade dos créditos		Recálculo da depreciação	
			Manutenção preventiva	
			Orçamento de investimentos	

Apesar da importância de se implantar e de se manter um sistema de controle interno, não se pode olvidar das **limitações** a que ele está sujeito, a saber:

- princípio do custo x benefício: fator preponderante no processo de análise do sistema de controle interno, pois nenhum controle será vantajoso se o custo de implantação e manutenção for superior aos benefícios auferidos. Todavia, devem ser considerados os benefícios atuais e os benefícios futuros;
- cobertura de transações conhecidas e rotineiras e não das eventuais: por mais adequado que seja o sistema de controle interno adotado, ele não será capaz de garantir que operações não usuais sejam acompanhadas com satisfação;
- potencial de erro humano: a imensa maioria dos procedimentos de controle possui como ponto-chave a verificação humana, que está sempre sujeita ao erro;
- ocorrência de conluio: a conferência e a confirmação dependem sempre da inexistência de conluios entre as pessoas envolvidas. Um bom procedimento para evitar o conluio é o rodízio de funções;

- abuso de autoridade: a eficiência do sistema de controle interno depende do grau de comprometimento da alta administração;
- inadequação dos procedimentos em função do tempo: com o avanço da tecnologia é natural que um bom controle do passado perca a efetividade nos dias atuais.

Para o CFC, o controle interno fornece à entidade segurança razoável quanto ao cumprimento dos objetivos das demonstrações financeiras. Sua efetividade é afetada por limitações inerentes ao próprio controle interno. Estas incluem os pressupostos de que falhas no controle interno podem ocorrer por erro humano. Adicionalmente, os controles podem ser afetados pelo conluio de duas ou mais pessoas ou podem ser indevidamente burlados pela administração.

Portanto, por melhor que seja o grau de confiança que o auditor depositar no sistema de controle interno, atenção especial deve ser dada às limitações inerentes ao sistema e às pessoas responsáveis por esses controles.

3.4.2 Revisão e avaliação do controle interno

A revisão dos controles internos consiste em um exame detalhado dos sistemas de controle interno mantidos pelo auditado, objetivando avaliar se existem procedimentos de controle adequados e se eles estão funcionando da maneira prevista pela administração.

Ao revisar o sistema de controle interno de uma entidade, o auditor deverá avaliar sua eficiência e eficácia, de modo a estabelecer o grau de confiança que será depositado nesse sistema, objetivando definir o volume de testes que serão realizados para fundamentar seu relatório.

É com base na revisão e avaliação do sistema de controle interno que o auditor vai determinar qual a extensão dos exames a serem realizados. Um bom controle interno significa que serão necessários menos exames para fundamentar a opinião do auditor. Por ouro lado, um sistema de controle interno deficiente acarretará maior volume de testes a ser realizado. Ou seja:

Mais controle → Menos procedimentos

Menos controle → Mais procedimentos

Essa revisão e avaliação devem ser executadas para cada área-chave do auditado e devem estar suportadas nos resultados da análise do grau de risco ou vulnerabilidade envolvido no processo.[2] **Grau de vulnerabilidade ou grau de risco** é o nível que indica quão determinado sistema é vulnerável (área de risco) à ocorrência de práticas abusivas, irregulares, ineficientes, antieconômicas, ilegais, entre outros.

Ao avaliar o sistema de controle interno, o auditor deve verificar quais os procedimentos utilizados pela entidade para salvaguardar os ativos contra determinado risco e garantir a adequação das informações; examinar a documentação dos procedimentos de controle com a finalidade de verificar se existem documentos e processos suficientes para atingir os objetivos de controle e identificar a existência de controles excessivos ou insuficientes, bem como a ocorrência de situações antieconômicas.

Ao proceder essa avaliação, o auditor deverá verificar se os mencionados controles estão funcionando na maneira em que foram concebidos, considerando as tarefas e os procedimentos a seguir: compreender como funciona um fluxo de transações; selecionar uma amostra de transações; revisar a documentação de tais transações; efetuar outras observações e averiguações julgadas necessárias; assegurar-se de que foram executados os procedimentos de controle especificados e acompanhar os passos das transações selecionadas por amostragem durante o processo.

Em resumo, ao avaliar os controles internos, o auditor deve procurar conhecer e compreender os procedimentos e métodos estabelecidos e um grau razoável de segurança de que estes estão sendo aplicados e funcionando conforme o previsto.

Na fase de **documentação da revisão e avaliação dos controles internos**, podem ser utilizados os seguintes procedimentos:

- Memorando: representa uma descrição detalhada do funcionamento de um ciclo de transações, enfatizando seus pontos fortes e fracos de controle. Deve conter o maior volume de informações possível, contudo não pode dificultar um entendimento rápido e global do ciclo.
- Questionário: é um *checklist* padronizado que contém uma série de indagações sobre o funcionamento de um ciclo de transações. Embora seja a forma mais

2 Normalmente, as áreas-chave de uma entidade são: faturamento, compras, pessoal, custos, patrimônio, estoques.

prática de se proceder ao levantamento do sistema de controle interno, seu uso tem sido bastante criticado em face de limitar, significativamente, a autonomia do auditor.

- Fluxograma: é um diagrama que apresenta um fluxo de procedimentos, documentos e informações. É a técnica que permite demonstrar graficamente o funcionamento de um ciclo de transações. Em decorrência de sua forma de elaboração, a visualização de todo o processo que está sendo avaliado se torna bastante facilitada.

Assim, uma avaliação de controle interno pode identificar diversos pontos fortes em um fluxo de transações na área de estoque, por exemplo, têm-se: utilização de coletas de preços para aquisições; utilização de requisições de materiais para produção e consumo; determinação do ponto mínimo de estoques, adoção de inventário permanente, contagens rotativas ou periódicas de estoques; entre outros.

No fluxo de transações na área de pessoal podem ser encontrados os seguintes pontos fortes: seleção e contratação manualizadas, plano de cargos e salários, rodízio de funções, acesso restrito às senhas de manipulação de dados, limites de alçadas para autorização, análises periódicas de variações, conferência de cálculos, entre outros.

Em resumo, o processo de avaliação de controles internos deve identificar controles inadequados que devem ser ajustados e a necessidade de novos controles.

Ao cabo da revisão dos controles internos, o auditor, se considerar oportuno e aplicável, poderá emitir um relatório gerencial, contendo as seguintes informações: quais as deficiências do ambiente geral de controle; em que áreas não existem controles; quais os principais desvios identificados e em que áreas os controles não estão funcionando da maneira prevista ou são inadequados; em que áreas os controles parecem excessivos e, em consequência, estariam sendo antieconômicos e ineficientes; de que maneira as instruções e determinações gerenciais estão sendo cumpridas, recomendações sobre quais procedimentos que poderão ser implementados para corrigir ou melhorar a situação encontrada; e considerações sobre os custos e benefícios esperados das mudanças.

3.5 • COMMITTEE OF SPONSORING ORGANIZATIONS OF THE TREADWAY COMISSION (COSO)

O **Committee of Sponsoring Organizations of the Treadway Comission (Coso)**, que teve como primeiro presidente James C. Treadway, de onde se origina o nome "Treadway Comission", é uma entidade sem fins lucrativos, dedicada à melhoria dos relatórios financeiros/contábeis por meio da ética, da efetividade dos controles internos e da governança corporativa.

Criado em 1985, com o nome de National Commission on Fraudulent Financial Reporting (Comissão Nacional sobre Fraudes em Relatórios Financeiros), é patrocinado por cinco das principais associações de classe de profissionais ligados à área financeira nos Estados Unidos: AICPA (American Institute of Certified Public Accounts — Instituto Americano de Contadores Públicos Certificados); AAA (American Accounting Association — Associação Americana de Contadores); FEI (Financial Executives Internacional — Executivos Financeiros Internacionais); IIA (The Institute of Internal Auditors — Instituto dos Auditores Internos); e IMA (Institute of Management Accountants — Instituto dos Contadores Gerenciais).

3.5.1 Coso I

O primeiro objeto de estudo do Coso foram os controles internos, que, em 1992, publicou o trabalho *Internal Control — Integrated Framework* [Controles Internos — um modelo integrado]. Esse relatório tornou-se referência mundial para o estudo e aplicação dos controles internos (Coso I).

O Coso desenvolveu o segundo modelo (Coso II) para atender à necessidade de uma estrutura robusta que permita a identificação, avaliação e administração do risco. Assim, em 2004 foi editado o relatório Administração do Risco Empresarial: uma Estrutura Integrada.

Segundo o Coso, controle interno é:

> Processo, desenvolvido para garantir, com razoável certeza, que sejam atingidos os objetivos da empresa, nas seguintes categorias:
> Eficiência e efetividade operacional (objetivos de desempenho ou estratégia): essa categoria está relacionada com os objetivos básicos da entidade, inclusive com os objetivos e metas de desempenho e rentabilidade, bem como da segurança e qualidade dos ativos;

Confiança nos registros contábeis/financeiros (objetivos de informação): todas as transações devem ser registradas, todos os registros devem refletir transações reais, consignadas pelos valores e enquadramentos corretos;
Conformidade (objetivos de conformidade) com leis e normativos aplicáveis à entidade e sua área de atuação.

O controle interno, segundo o Coso I, apresenta os seguintes componentes: ambiente de controle; avaliação e gerenciamento dos riscos; atividades de controle; informação e comunicação; e monitoramento.

O **ambiente de controle** determina as ações de uma organização, influenciando a consciência em relação ao controle interno de seu pessoal. É a base para todos os outros componentes do controle interno. Os fatores do ambiente de controle incluem: a integridade, valores éticos e competência do pessoal; a filosofia administrativa e o estilo operacional; o modo de se delegar a autoridade e responsabilidade e como organizar e desenvolver pessoal; a atenção e condução proporcionadas pelo conselho de administração.

Avaliação de riscos é a identificação e análise dos riscos associados ao não cumprimento das metas e objetivos operacionais, de informação e de conformidade. Ou seja, é a identificação e análise dos riscos relevantes para o cumprimento dos objetivos, formando a base para a administração desses riscos.

Os **procedimentos de controle** consistem em políticas e procedimentos que contribuem para assegurar que as diretrizes administrativas sejam cumpridas. Objetivam garantir que as ações necessárias sejam adotadas para enfrentar riscos ao cumprimento dos resultados e devem ser implantados em todos os níveis e em todas as funções organizacionais, incluindo uma gama de atividades diversas, como aprovações, autorizações, verificações, reconciliações, revisões do desempenho das operações, proteção de ativos e segregação de funções. Devido a mudanças nos cenários econômico, tecnológico, regulatório e operacional, são necessários mecanismos para identificar e administrar os riscos específicos associados a essas mudanças.

Atividades (ou procedimentos) de controle interno podem ser assim exemplificados:

- Limites de alçada (prevenção).
- Autorização prévia (prevenção).

- Conciliação (detecção).
- Revisão de desempenho (detecção).
- Segurança física (prevenção e detecção).
- Segregação de funções (prevenção).
- Sistemas informatizados — Tecnologia da Informação (prevenção e detecção).
- Normatização interna (prevenção).

Informações pertinentes devem ser identificadas, catalogadas e comunicadas oportunamente, de modo a permitir o cumprimento das responsabilidades. **Sistemas de informação** devem produzir relatórios com dados relativos às operações, às finanças e à conformidade, que possibilitam a condução e o controle do negócio. Uma comunicação efetiva deve também ocorrer em sentido mais amplo, direcionando-se a todos os níveis na organização. Todo o pessoal deve receber uma mensagem clara da alta administração no sentido de que o controle de responsabilidades deve ser encarado com seriedade.

O **monitoramento** é fundamental para os sistemas de controle interno, pois permite avaliar a qualidade do desempenho do sistema ao longo do tempo. Isso é obtido por meio de atividades de avaliação operacional, revisões específicas ou pela combinação de ambos. A avaliação operacional inclui atividades administrativas e de supervisão regulares, assim como outras ações do pessoal tomadas enquanto desempenham seus deveres. O escopo e a frequência das avaliações dependerão de uma avaliação dos riscos e da efetividade dos procedimentos de controle.

3.5.2 Coso II

O Coso II, que compreende a administração do risco empresarial, proporciona um foco mais extensivo sobre o tema da administração do risco. Não pretende e nem substitui a estrutura do controle interno, pois a incorpora ao seu contexto, assim as companhias podem decidir enfocar a estrutura de administração do risco empresarial tanto para atender a suas necessidades de controle interno como para avançar em direção a um processo mais completo de administração do risco.

A administração do risco empresarial é um processo efetuado por pessoas, projetado para identificar potenciais eventos que, se ocorrerem, afetarão a entidade, e também a gestão do risco dentro das margens de risco admitidas. É capaz de proporcionar garantia razoável à gerência e ao conselho de administração de uma entidade.

Segundo o Coso II, os componentes do controle interno são: ambiente interno; definição de objetivos; identificação de eventos; avaliação do risco; reação ao risco; procedimentos de controle; informação e comunicação; e monitoramento.

O **ambiente interno** engloba o ritmo de uma organização e estabelece a base sobre como o risco é visto e enfrentado pelo seu pessoal, incluindo a filosofia e a vontade de se administrar o risco, integridade e valores éticos e o ambiente em que a entidade opera.

A **administração do risco empresarial** assegura que a gerência estabeleceu um processo para definir objetivos e que eles respaldam e são alinhados com a missão da entidade e são consistentes com a vontade de se determinar o risco.

Eventos internos e externos que possam afetar a obtenção dos resultados devem ser identificados, fazendo-se a distinção entre riscos e oportunidades.

A **administração reage ao risco** ao evitar, aceitar, reduzir ou dividir os riscos, desenvolvendo um conjunto de ações para alinhar os riscos com a tolerância e a vontade da organização.

Políticas e atividades são estabelecidas e implementadas para ajudar a assegurar que a reação aos riscos seja conduzida com efetividade. Essas políticas e atividades denominam-se procedimentos de controle.

Informações relevantes são identificadas, catalogadas e comunicadas, adequadamente, para proporcionar que o pessoal desempenhe suas responsabilidades. A comunicação efetiva também ocorre em um sentido mais amplo, fluindo em todos os níveis da organização.

A administração do risco empresarial é acompanhada e, se necessário, alterações devem ser feitas. O **monitoramento** realiza-se em bases operacionais normais das atividades administrativas, avaliações específicas, ou com ambos os métodos.

3.5.3 Componentes do Controle Interno para o CFC

A NBC TA 315 — Identificação e Avaliação dos Riscos de Distorção Relevante por meio do Entendimento da Entidade e do seu Ambiente, aprovada pela Resolução CFC n.1.212/2009, define que os componentes do controle são:

- o ambiente de controle;
- o processo de avaliação de risco da entidade;
- sistema de informação e a comunicação;
- atividades de controle; e
- monitoramento de controles.

A seguir, são apresentados os detalhamentos desses conceitos extraídos da citada norma.

a) O **ambiente de controle** inclui as funções de governança e administração e as atitudes, consciência e ações dos responsáveis no que se refere ao controle interno e sua importância. O ambiente de controle estabelece a forma de conduta de uma organização, influenciando a consciência de controle das pessoas que dela participam.

   Os elementos que podem ser relevantes na obtenção de entendimento do ambiente de controle são:

   - Comunicação e aplicação de valores de integridade e ética.
   - Compromisso com a competência.
   - Participação dos responsáveis pela governança (independência em relação à administração; experiência e reputação; extensão de seu envolvimento e as informações que recebem, e o exame das atividades. a adequação de suas ações, inclusive o grau em que assuntos complexos são levantados e tratados junto à administração, e sua interação com os auditores internos e externos).
   - Filosofia e estilo operacional da administração (abordagem na aceitação e administração dos riscos de negócio; atitudes e ações com as informações e demonstrações financeiras; atitudes com as funções e pessoal do processamento e contabilização de informações).
   - Estrutura organizacional.
   - Atribuição de autoridade e responsabilidade.
   - Políticas e práticas de recursos humanos (recrutamento, orientação, treinamento, avaliação, aconselhamento, promoção, remuneração e ações corretivas).

A existência de um ambiente de controle satisfatório pode ser um fator positivo quando o auditor avalia os riscos de distorção relevante. Contudo, embora ele possa ajudar a reduzir o risco de fraude, um ambiente de controle satisfatório não é um impedimento absoluto para a fraude. Inversamente, deficiências no ambiente de controle podem prejudicar a eficácia dos controles, especialmente no que se refere à fraude.

b) O processo de **avaliação de risco** da entidade forma a base de como a administração determina os riscos a serem gerenciados. Se esse processo é apropriado às circunstâncias, incluindo a natureza, o tamanho e a complexidade da entidade, ele auxilia o auditor na identificação de riscos de distorção relevante. Determinar se o processo de avaliação de riscos da entidade é apropriado é uma questão de julgamento.

c) O **sistema de informação** relevante para as demonstrações financeiras e para a comunicação é composto pelos procedimentos planejados e estabelecidos para:

- iniciar, registrar, processar e reportar transações e manter responsabilidade pelos ativos, passivos e patrimônio líquido;
- solucionar o processamento incorreto de transações, por exemplo, captura automática de arquivos inconsistentes e procedimentos seguidos para esclarecer tempestivamente itens inconsistentes;
- identificar e registrar os casos em que os sistemas ou controles são burlados;
- transferir informações de sistemas de processamento de transações para o razão geral;
- capturar informações relevantes para as demonstrações financeiras e outros eventos e condições além das transações, tais como depreciação e amortização de ativos e modificações na recuperação de contas a receber; e
- assegurar que as informações que exigem divulgação pela estrutura de relatório financeiro aplicável sejam acumuladas, registradas, processadas, resumidas e adequadamente reportadas nas demonstrações financeiras.

A comunicação das funções e responsabilidades sobre as demonstrações financeiras e de assuntos significativos relacionados às informações contábeis envolve fornecer entendimento do controle interno sobre o processo de elaboração dessas demonstrações financeiras.

d) As **atividades de controle** são as políticas e os procedimentos que ajudam a assegurar que as orientações da administração sejam executadas. As atividades de controle, tanto em sistemas de tecnologia da informação quanto manuais, têm diversos objetivos e são aplicadas em vários níveis organizacionais e funcionais. Exemplos de atividades de controle específicas incluem:

- autorização;
- revisões de desempenho;
- processamento de informações;
- controles físicos;
- segregação de funções.

e) O **monitoramento de controles** é um processo para avaliar a efetividade do desempenho dos controles internos ao longo do tempo. Envolve avaliar a efetividade dos controles tempestivamente e tomar as necessárias ações corretivas. A administração monitora os controles por meio de atividades contínuas, avaliações separadas ou a combinação de ambos.

As atividades de monitoramento da administração podem incluir o uso de informação de comunicações de partes externas, como reclamações de clientes e comentários de reguladores.

3.6 • PRIMEIRA AUDITORIA

A Resolução CFC n. 1.220/2009, que aprova a NBC TA 510 — Trabalhos Iniciais — Saldos Iniciais, determina que uma primeira auditoria ou uma auditoria inicial é um trabalho em que as demonstrações financeiras do período anterior não foram auditadas ou foram auditadas por outro auditor independente.

Segundo essa norma, ao conduzir uma primeira auditoria, o auditor, em relação a saldos iniciais, deve obter evidência sobre se:

a) esses saldos contêm distorções relevantes; e

b) as práticas contábeis adotadas nos saldos iniciais foram aplicadas uniformemente nas demonstrações contábeis auditadas, ou as mudanças nessas práticas estão devidamente registradas e divulgadas.

Quando da realização da primeira auditoria, o auditor deverá adotar, segundo o CFC, os seguintes procedimentos adicionais na fase do planejamento:

- ler as demonstrações financeiras mais recentes e o respectivo relatório do auditor anterior;
- exame e confronto dos saldos de abertura com os registros contábeis ou com a revisão da documentação de auditoria do auditor anterior;
- exame da adequação dos saldos de encerramento do exercício anterior com os saldos de abertura do exercício atual;
- revisão dos procedimentos contábeis adotados no exercício anterior e naquele auditado/comparabilidade e uniformidade;
- identificação de eventos relevantes subsequentes ao exercício anterior e discussão com a administração e/ou com os auditores anteriores;
- deve-se avaliar a necessidade de revisão da documentação de auditoria e dos relatórios emitidos pelo seu antecessor;
- realizar, adicionalmente: no caso de as demonstrações financeiras do exercício anterior terem sido auditadas, revisar a documentação de auditoria do auditor anterior; avaliar se os procedimentos de auditoria executados fornecem evidência para os saldos iniciais; ou executar procedimentos de auditoria específicos.

A natureza e a extensão dos procedimentos com relação aos saldos iniciais dependem, também segundo o CFC, de:

- práticas contábeis adotadas;
- natureza dos saldos contábeis, classes de transações e divulgações, e riscos de distorção;
- significância dos saldos iniciais em relação às demonstrações auditadas;
- se as demonstrações do período anterior foram auditadas e, em caso afirmativo, se a opinião do auditor foi modificada.

As evidências podem ser obtidas das seguintes formas: recebimentos de contas a receber, pagamentos de contas a pagar, acompanhamento do inventário mais recente e conciliação com as quantidades do estoque inicial, execução de procedimentos de auditoria na valorização dos itens do estoque inicial, execução de procedimentos de auditoria sobre o lucro bruto e procedimentos de corte, exame dos registros contábeis e outras informações que suportam os saldos iniciais de itens não circulantes.

A impossibilidade de se obter evidência com relação aos saldos iniciais pode resultar em uma das seguintes modificações no relatório, na forma que será detalhada no Capítulo 8: opinião com ressalva ou abstenção de opinião; a menos que proibido, opinião com ressalva ou abstenção de opinião, com relação aos resultados das operações e fluxos de caixa, quando relevante, e não modificada com relação à posição patrimonial e financeira.

3.7 • PLANO DE AUDITORIA

O planejamento de auditoria, em resumo, refere-se aos procedimentos que serão executados para determinar o alcance ou escopo dos trabalhos, as áreas de risco, o tempo necessário para a execução, os objetivos, os critérios, a metodologia a ser aplicada e os recursos financeiros e materiais necessários, além do pessoal que deverá ser alocado para garantir que a auditoria cubra as atividades, os processos, os sistemas e os controles mais importantes.

Ao término da fase de planejamento, deverá ser elaborado o plano de auditoria,[3] que deverá conter os seguintes elementos fundamentais:

- Descrição detalhada do ente auditado: as informações mais relevantes acerca da entidade sob auditoria, na forma a seguir demonstrada:
    - objetivos sociais: para auxiliar o conhecimento das operações do auditado;
    - histórico: evolução histórica da entidade auditada. Sua origem, seu desenvolvimento, suas particularidades, entre outros;
    - estrutura organizacional: funcionamento da estrutura organizacional, que é de fundamental importância para uma adequada compreensão do ente auditado e de suas atividades;
    - principais responsáveis: descrição dos cargos e das pessoas-chave;
    - endereço das instalações (telefones, home page, e-mail, fax, entre outros): de modo a permitir uma rápida identificação;

3 Segundo o CFC, "O Planejamento da Auditoria é muitas vezes denominado Plano de Auditoria, ou Programa de Auditoria, conceitos que [...] são considerados partes do Planejamento da Auditoria".

- tamanho do negócio: dados sobre as principais atividades, volume de recursos, faturamento, principais gastos, número de empregados, entre outros;
- indicadores financeiros: de modo a facilitar a aplicação dos procedimentos de revisão analítica, deve ser feita uma adequada descrição dos indicadores financeiros;
- práticas contábeis adotadas e legislação específica: principais práticas contábeis adotadas pelo ente auditado;
- orçamento: sumário do orçamento do exercício auditado;
- exercício financeiro: descrição do exercício financeiro da entidade;
- áreas-chave da organização: relação das áreas principais, considerando a relevância em relação à auditoria, assim como o risco envolvido.

Em se tratando de auditoria interna, os itens anteriormente referidos devem ser adaptados, em conformidade com as áreas objeto de exame.

- Detalhamento da auditoria: neste item, deve ser descrito com detalhes o trabalho a ser realizado, incluindo, entre outros pontos, os seguintes:
    - objetivo da auditoria: motivo pelo qual se fará a auditoria. Dessa forma, ficará delimitado o tipo de auditoria que será realizado;
    - período de realização dos exames: data de realização dos trabalhos, que deve ser definida após discussão com o ente auditado;
    - tipos de relatório exigido: definição de quais os tipos de relatório de auditoria que deverão ser apresentados;
    - prazo do relatório: data em que o relatório deverá ser apresentado;
    - destinação dos relatórios: descrição dos usuários a quem se destina o relatório;
    - escopo ou alcance do exame: estabelece qual o limite dos trabalhos de auditoria;
    - principais pontos de auditorias anteriores: resumo dos principais pontos identificados em trabalhos já realizados;

- resultado do trabalho de outros auditores: na hipótese de trabalhos de auditorias anteriores terem sido realizados por outros profissionais, o resultado que foi alcançado deve ser descrito neste tópico;
- resultado do trabalho da auditoria interna: na hipótese de trabalhos realizados pela auditoria interna, o resultado que foi alcançado deve ser mencionado neste tópico;
- opiniões dadas em anos anteriores: breve sumário das opiniões apresentadas nos trabalhos anteriores;
- análise de eventuais problemas: problemas identificados no transcurso da fase de planejamento;
- resultado da revisão dos controles internos: avaliações dos controles internos devem ser claramente demonstradas;
- principais procedimentos: principais procedimentos de auditoria que poderão ser utilizados, tais como: exame documental, observação, conferência de cálculos, inspeções físicas, entrevistas, circularizações, entre outros;
- pessoal técnico envolvido: relação da equipe técnica envolvida, que deverá conter, além dos dirigentes máximos, gerentes, supervisores, encarregados e demais envolvidos;
- concurso de especialistas: se aplicável, a participação desses especialistas deve ser prevista e estimados os custos a serem incorridos;
- estimativa de horas: quantidade de horas a serem utilizadas no transcurso dos trabalhos;
- material necessário: descrição dos recursos materiais que serão utilizados;
- estimativa de custos: planejamento de custos do trabalho (salários, encargos, diárias, materiais, entre outros);
- revisão e aprovação: o plano de auditoria deve ser adequadamente revisado e aprovado pelos auditores mais experientes.

Por fim, vale mencionar que o plano de auditoria não é um documento estático, devendo ser atualizado todas as vezes que as circunstâncias assim determinarem.

3.8 • PROGRAMA DE AUDITORIA

O programa de auditoria é o instrumento que fornece ao auditor os passos específicos a serem seguidos de acordo com o plano de auditoria. Representando o detalhamento do plano de auditoria, o programa deve ser elaborado de forma abrangente. Contudo, não pode limitar a criatividade do auditor, que é necessária em certas circunstâncias. Esse instrumento, definindo o objetivo, o escopo adotado e os procedimentos a serem seguidos, deve ser elaborado por área específica a ser examinada.

Os programas de auditoria objetivam: a) evidenciar os requisitos planejados; b) estabelecer a extensão e datas dos procedimentos a serem executados; c) estabelecer a estimativa de horas por procedimentos a serem aplicados; d) controlar os passos do programa realizados e a realizar; e) evidenciar quem realizou os passos e f) registrar quem revisou os trabalhos.

Capítulo 4

AMOSTRAGEM ESTATÍSTICA

4.1 • CONCEITO

A estatística é o método que permite observar, descrever, selecionar, categorizar, mensurar e interpretar dados para obter relações de modo a facilitar o processo de tomada de decisão em qualquer campo de atividade e do pensamento humano, entre eles a auditoria das demonstrações financeiras.

Essa técnica possibilita obter determinadas conclusões sobre o todo examinado, que é a população, com base em estudos, observações e análises de partes desse todo, que é o que se denomina de amostra.

4.2 • AMOSTRAGEM ESTATÍSTICA EM AUDITORIA

A Resolução CFC n. 1.222/2009 aprova a NBC TA 530 — Amostragem em Auditoria e estabelece requisitos sobre o uso de amostragem estatística e não estatística na definição e seleção da amostra de auditoria, na execução de testes e na avaliação dos resultados da amostra.

Amostragem é o procedimento utilizado para seleção de amostra, que representa, nos dizeres de Crespo: "um subconjunto finito de uma população".[1] Nos termos da citada Resolução, a amostragem é a aplicação de procedimentos de auditoria em menos de 100% dos itens da população a ser testada, de maneira que todas as unidades tenham a mesma chance de serem selecionadas para proporcionar uma base razoável que possibilite uma conclusão sobre toda a população. A amostragem

1 CRESPO, Antônio Arnot. *Estatística fácil*. 13. ed. São Paulo: Saraiva, 1995. p. 19.

pode ser estatística e não estatística, e essa última não permite a avaliação da probabilidade de erro, na forma a seguir demonstrada:

- Amostragem estatística: é aquela em que a amostra é selecionada cientificamente com a finalidade de que os resultados obtidos possam ser estendidos ao conjunto de acordo com a teoria da probabilidade ou as regras estatísticas. O emprego de amostragem estatística é recomendável quando os itens da população apresentam características homogêneas.
- Amostragem não estatística: ou por julgamento é aquela em que a amostra é determinada pelo auditor, utilizando sua experiência, critério e conhecimento da entidade.

Para o CFC, a decisão quanto ao uso de amostragem estatística ou não estatística é uma questão de julgamento profissional do auditor, entretanto, o tamanho da amostra não é um critério válido para distinguir entre os tipos de amostragem.

A **população estatística** representa o universo estatístico, ou seja, o conjunto de elementos com uma característica comum. Representa, segundo o CFC, o conjunto completo de dados sobre o qual a amostra é selecionada e sobre o qual o auditor deseja concluir.

Quando não for possível o exame integral das transações, o auditor pode utilizar a amostragem estatística em auditoria, que é conceituada como o método de selecionar determinado grupo da população auditorial (amostra auditorial) para obter informações e expressar opinião ou comentários sobre o total da população, ou seja, fazer as inferências estatísticas, que, nos dizeres de Lopes (2001, p. 10), representam a "parte da Estatística que usa uma amostra para fazer generalizações a respeito de aspectos importantes de uma população".

Portanto, na aplicação dos procedimentos auditoriais, podem ser observadas, pelo auditor as técnicas da amostragem estatística, além das provas seletivas e dos testes. As próprias normas de auditoria assim determinam.

Nos dizeres de Miller e Bailey[2], a utilização da amostragem estatística possibilita as seguintes vantagens para o processo auditorial:

- facilita a determinação de uma amostra eficiente;

2 MILLER; BAILEY apud COSTA, Carlos Baptista. *Auditoria financeira* — teoria e prática. 5. ed. Lisboa: Reis dos Livros, 1995. p. 108.

- mede a suficiência da matéria de prova;
- facilita a avaliação dos resultados da amostra;
- permite a quantificação dos riscos de amostragem.

Além das vantagens descritas, pode-se incluir a economia de recursos e de tempo, bem como de tornar mais factível e operacional a auditoria.

Em resumo, o auditor, ao determinar a extensão de um teste ou ao selecionar os itens a serem testados, pode empregar técnicas de amostragem estatística, levando sempre em consideração o risco de auditoria, que pode ser definido como a possibilidade de se expressar uma opinião inadequada sobre demonstrações financeiras significativamente incorretas.

4.3 • TIPOS DE AMOSTRAGEM

Registre-se que a amostragem deve garantir, sempre que possível, a mesma possibilidade de escolha para todos os elementos da população.

As principais técnicas de amostragem definidas pela doutrina são:

- Amostragem casual: também denominada de amostragem aleatória simples, é realizada pela simples escolha aleatória, normalmente por sorteio, de determinado número de elementos de uma população. Muitas vezes pode ser utilizada para a escolha dos itens a serem testados a tabela de dígitos pseudoaleatórios, a qual pode ser obtida facilmente nos livros de estatística, com o uso de calculadoras ou planilhas eletrônicas, como o Excel.[3]

- Amostragem proporcional estratificada: nesse tipo de amostragem, a escolha dos itens a serem testados ocorre de forma aleatória, mas dentro de determinado estrato da população, que apresenta um comportamento homogêneo. O estrato compreende uma divisão da população, normalmente denominada de subpopulação.

- Amostragem por conglomerado: é o tipo de amostragem que pressupõe a disposição dos itens por subgrupos heterogêneos representativos da população global.

3 A marca Excel é de propriedade exclusiva da Microsoft.

- Amostragem sistemática: esse tipo de amostragem é, normalmente, utilizado quando os elementos da população já se encontram ordenados, por exemplo, conjunto de notas fiscais de 001 a 1.000.

Logo, a seleção poderá ser feita por um sistema imposto pelo auditor. No caso das notas fiscais descritas, a seleção de 10 itens poderá ser feita na sequência de 100 em 100 (1.000/10 = 100).

Para o CFC, os principais **métodos para selecionar amostras** são:

- Seleção aleatória: é aplicada por meio de geradores de números aleatórios como, por exemplo, tabelas de números aleatórios.
- Seleção sistemática: em que a quantidade de unidades de amostragem na população é dividida pelo tamanho da amostra para dar um intervalo de amostragem, por exemplo, 50, e após determinar um ponto de início dentro das primeiras 50, toda 50ª unidade de amostragem seguinte é selecionada.
- Amostragem de unidade monetária: é um tipo de seleção com base em valores, na qual o tamanho, a seleção e a avaliação da amostra resultam em uma conclusão em valores monetários.
- Seleção ao acaso: trata-se de uma seleção na qual o auditor seleciona a amostra sem seguir uma técnica estruturada, evitando-se qualquer tendenciosidade ou previsibilidade consciente. Desse modo, procura se assegurar de que todos os itens da população tenham uma mesma chance de seleção. A seleção ao acaso não é apropriada quando se usar a amostragem estatística.
- Seleção de bloco: envolve a seleção de um ou mais blocos de itens contíguos da população. A seleção de bloco geralmente não pode ser usada em amostragem de auditoria porque a maioria das populações está estruturada de modo que esses itens em sequência podem ter características semelhantes entre si, mas características diferentes de outros itens de outros lugares da população.

Assim, em resumo, ao selecionar a amostra, o auditor deve considerar a sistematização, a casualidade, a experiência e a aleatoriedade.

As normas sobre amostragem estatística em auditoria aprovadas pelo CFC indicam que:

- Ao usar métodos de amostragem estatística ou não estatística, o auditor deve projetar e selecionar uma amostra de auditoria, aplicar a essa amostra procedimentos de auditoria e avaliar os resultados da amostra, de forma a proporcionar evidência de auditoria suficiente e apropriada.
- A amostra selecionada pelo auditor deve ter uma relação direta com o volume de transações realizadas pela entidade na área ou transação objeto de exame, como também com os efeitos na posição patrimonial e financeira da entidade, e o resultado por ela obtido no período.
- Ao definir uma amostra de auditoria, que deve ser suficiente para reduzir o risco de amostragem a um nível mínimo aceitável, o auditor deve considerar a finalidade do procedimento de auditoria e as características da população.
- A eficiência da auditoria pode ser melhorada se o auditor estratificar a população. O objetivo da estratificação é o de reduzir a variabilidade dos itens de cada estrato e, portanto, permitir que o tamanho da amostra seja reduzido sem aumentar o risco de amostragem.
- O auditor deve selecionar itens para a amostragem de forma que cada unidade de amostragem da população tenha a mesma chance de ser selecionada.
- O auditor deve executar os procedimentos de auditoria, apropriados à finalidade, para cada item selecionado. Se o auditor não puder aplicar esses procedimentos ou outros alternativos em um item selecionado, ele deve tratar esse item como um desvio do controle previsto, no caso de testes de controles, ou uma distorção, no caso de testes de detalhes.

4.4 ASPECTOS DA DETERMINAÇÃO DA AMOSTRA

Segundo as normas de auditoria, no processo de determinação da amostra, o auditor deve levar em consideração:

- população;
- estratificação;

- tamanho da amostra;
- risco da amostragem;
- erro tolerável;
- erro esperado;
- precisão.

A população, como visto, representa o conjunto dos dados de onde o auditor pretende selecionar a sua amostra.

A **estratificação da amostra** é o processo de se dividir a população objeto de auditoria em subpopulações com características homogêneas, ou seja, por camadas ou estratos.

O **tamanho da amostra** corresponde ao número de itens que serão testados. Na sua determinação, devem ser considerados os seguintes parâmetros: confiança, precisão, desvio-padrão e o tamanho da população. Segundo a Norma Internacional de Auditoria n. 530 da Ifac, "ao determinar o tamanho da amostra, o auditor deve considerar o risco de amostragem, o erro tolerável e o erro esperado".

Segundo Barbetta,[4] erro amostral é "a diferença entre o valor que a estatística pode acusar e o verdadeiro valor do parâmetro que se deseja estimar".

O **erro tolerável** é o erro máximo admitido pelo auditor para poder emitir uma opinião favorável sobre a população examinada. Ele deve ser definido na fase de planejamento de auditoria. Nos testes de observância, o erro tolerável é a taxa máxima de desvio de um procedimento de controle estabelecido. Nos testes substantivos, é o erro monetário máximo no saldo de uma conta ou uma classe de transações.

O **erro esperado** é a quantidade de erro que o auditor espera que a população contenha. Portanto, muitas vezes será necessário ampliar o tamanho da amostra, quando o erro da população excede o erro tolerável.

A **precisão** é o maior valor que pode ser considerado como irrelevante.

4 BARBETTA, Pedro Alberto. *Estatística aplicada às ciências sociais*. 4. ed. Florianópolis: Editora da UFSC, 2001. p. 59.

Outro aspecto a ser considerado é que a população precisa ser adequada. Assim, como exemplo, para se "testar a superavaliação de contas a receber, a população pode ser a listagem de contas a receber". Pois, se qualquer valor registrado for indevido, o auditor, na aplicação dos seus testes, poderá identificar. Todavia, para "testar a existência de subavaliação de contas a pagar, a população não deve ser a listagem de contas a pagar, mas, sim, pagamentos subsequentes, faturas não pagas, extratos de fornecedores, relatórios de recebimentos de mercadorias, entre outras". Porque, se qualquer valor deixar de ser registrado, o auditor somente o identificará se aplicar outros procedimentos alternativos e não apenas examinar a listagem de contas a pagar.

Embora as normas de auditoria não mencionem, os auditores devem considerar a probabilidade, que é o número que evidencia a possibilidade de determinada situação ocorrer. Assim, os erros decorrentes de uma inferência estatística podem ser quantificados por um valor numérico, ou seja, pela probabilidade.

Os auditores também devem considerar os elementos da estatística descritiva, tais como as medidas de tendência central (média, mediana e moda), as medidas de dispersão (amplitude total da amostra, variância amostral, desvio-padrão), além das noções sobre tabelas e gráficos estatísticos.

Aproveitamos para abrir um parênteses:

Desvio é a dispersão de cada elemento da série em relação à média. Como propriedade da média, a soma dos desvios é igual a zero:

Série	Média	Desvio
16	10	6
4	10	−6
4	10	−6
16	10	6
		0

Desvio Médio é a média aritmética dos desvios considerados em módulos (valores absolutos).

Variância corresponde à média aritmética dos quadrados dos desvios.

Desvio-padrão é a raiz quadrada da variância. Indica o comportamento dos valores quando distantes da média.

Amplitude total é a diferença entre o maior e o menor valor dos elementos de uma série. Na série 16, 4, 4, 16, a amplitude total é: 16 – 4 = 10.

Portanto, a estatística é de fundamental importância para a atividade auditorial, pois todas as vezes em que não for possível examinar a totalidade da população, principalmente em função de custo, tempo e outras questões operacionais, o auditor, até por imposição normativa, deverá selecionar a amostra/amostragem, calcular a probabilidade de erros e elaborar suas inferências sobre o todo objeto de auditoria.

4.5 • RISCOS DE AMOSTRAGEM

Por risco de amostragem se entende a possibilidade da conclusão obtida com base na amostragem ser diferente daquela que seria obtida se 100% da população fosse examinado.

O risco de amostragem pode abranger:

Nos testes de observância:

- superavaliação de confiabilidade ou superdependência dos controles internos: consiste na possibilidade de que a amostragem conduza o auditor a concluir que o grau de observância dos controles internos na entidade auditada é maior do que o real.
- subavaliação de confiabilidade ou subdependência dos controles internos: consiste na possibilidade de que a amostragem leve o auditor a concluir que o grau de observância dos controles internos na entidade auditada é menor que o real.

Nos testes **substantivos**:

- risco de aceitação incorreta: consiste na possibilidade de que a amostragem conduza o auditor a considerar que a informação auditada está correta, quando de fato não está.
- risco de rejeição incorreta: consiste na possibilidade de que a amostragem conduza o auditor a julgar que a informação auditada está incorreta, quando de fato não está.

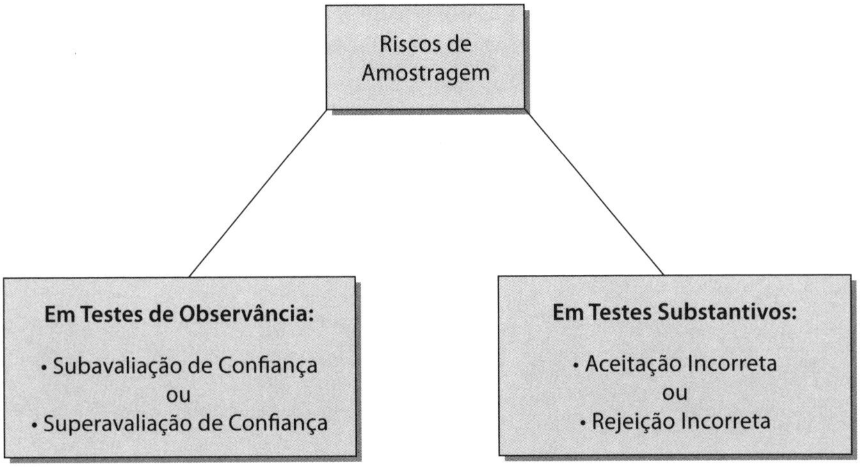

Fonte: elaborado pelo autor.

Figura 4.1 ● Riscos de amostragem.

Os riscos de auditoria podem acarretar os seguintes efeitos:

- Risco de subavaliação da confiabilidade e risco de rejeição incorreta: afetam a eficiência da auditoria, pois ocasionam a realização de exames adicionais.
- Risco de superavaliação da confiabilidade e risco de aceitação incorreta: afetam a eficácia da auditoria, pois ocasionam conclusões errôneas.

4.6 ● AVALIAÇÃO DE RESULTADOS DA AMOSTRAGEM

Segundo as novas normas de auditoria, ao avaliar o resultado da amostragem, o auditor deve considerar a) os resultados da amostra; e b) se o uso de amostragem forneceu uma base razoável para conclusões sobre a população testada.

Ao definir uma amostra, o auditor determina o risco de que distorções individualmente irrelevantes, em seu conjunto, possam macular as demonstrações contábeis, bem como quanto à possibilidade de distorções não serem detectadas.

Ao considerar as características de uma população, para testes de controles, o auditor avalia a taxa esperada de desvio com base no seu entendimento dos controles relevantes ou no exame de pequena quantidade de itens da população. Essa avaliação é feita para estabelecer a amostra de auditoria e determinar o tamanho dessa amostra.

Se a amostragem não fornecer uma base razoável para conclusões sobre a população testada, o auditor pode: a) solicitar que a administração investigue as distorções identificadas e o potencial para distorções adicionais e faça ajustes necessários; ou b) ajustar a natureza, época e extensão dos procedimentos adicionais para melhor alcançar a segurança exigida.

Capítulo 5

PROCEDIMENTOS DE AUDITORIA

5.1 • CONCEITO

Os procedimentos de auditoria são os meios utilizados pelo auditor para a obtenção de evidências ou provas de auditoria que contribuem para fundamentar a opinião do auditor. Representam o conjunto de técnicas ou métodos que permitem ao auditor obter elementos probatórios de forma suficiente e adequada para fundamentar seus comentários, quando da elaboração do seu relatório.

Os procedimentos de auditoria não são rígidos, podendo variar de auditoria para auditoria, de modo a se ajustarem às circunstâncias específicas de cada caso em exame.

A aplicação dos procedimentos de auditoria pode ser realizada por meio de exames, provas seletivas, testes e amostragens em razão da complexidade e do volume das operações de cada entidade auditada, cabendo ao auditor, com base na análise de riscos envolvidos e outros elementos de que dispuser, determinar a amplitude ou o escopo dos exames necessários à obtenção dos elementos probatórios que sejam válidos para o todo auditado.

5.2 • TIPOS DE PROCEDIMENTOS

A natureza do procedimento de auditoria refere-se à sua finalidade (teste de controle ou procedimento substantivo) e ao seu tipo (inspeção, observação, indagação, confirmação, recálculo, reexecução e procedimento analítico), sendo de suma importância na resposta aos riscos avaliados.

Os procedimentos de auditoria, para obter evidência a seguir elencados, podem ser utilizados, de forma isolada ou conjunta, na avaliação de riscos, em testes de controles ou na aplicação de testes substantivos, dependendo do contexto:

- inspeção;
- observação;
- confirmação;
- recálculo;
- reexecução;
- indagação (entrevista); e
- procedimentos analíticos.

A seguir, são apresentados os principais procedimentos, segundo o CFC:

- Inspeção: é o exame de registros ou documentos, internos ou externos, em qualquer meio, ou o exame físico de um ativo. Por exemplo, a inspeção de itens do estoque, que pode acompanhar a observação da contagem do estoque. Esse procedimento deve ser aplicado de forma cuidadosa pelo auditor, que deve estar atento aos detalhes envolvidos na utilização dos bens. O exame documental é a análise da adequação dos documentos comprobatórios dos fatos auditados. Entre outros documentos que normalmente são examinados, pode-se citar notas fiscais, cautelas, duplicatas quitadas, contratos. Quando o auditor realiza o exame dos documentos originais, deve estar atento para a autenticidade, normalidade, aprovação e registro.
- Observação: é o exame do processo ou procedimento executado no momento da sua execução. Por exemplo, a observação pelo auditor da contagem do estoque ou da execução de atividades de controle.
- Confirmação: também denominada de circularização, é obtida pelo auditor como resposta escrita de terceiro (a parte que confirma) ao auditor, em qualquer meio. Não se restringe apenas a saldos contábeis. Por exemplo, o auditor pode solicitar confirmação de termos de contratos ou transações com terceiros ou sobre a ausência de acordo paralelo.

O CFC editou a Resolução CFC n. 1.219/2009, que aprova a NBC TA 505 — Confirmações Externas. Ou seja, existe uma norma específica para tratar das confirmações ou circularizações e que se pauta no princípio de que a evidência é mais confiável quando for obtida de fontes independentes externas, diretamente pelo auditor e devidamente documentada.

Para o CFC, a confirmação externa é a evidência escrita obtida diretamente pelo auditor de um terceiro (a parte que confirma), em papel, no formato eletrônico ou outro meio. O objetivo do auditor, ao usar procedimentos de confirmação externa, é obter evidência relevante e confiável.

A confirmação externa é usada para comprovar ou solicitar informações relativas a saldos contábeis. Pode ser usada, também, para confirmar termos de acordos, contratos ou transações entre a entidade e outras partes.

As respostas às confirmações fornecem evidência mais relevante e confiável quando são enviadas a um terceiro, que tem conhecimento sobre as informações a serem confirmadas.

A **confirmação de saldos** é solicitada pelo auditor, mas deve ser elaborada pelo auditado. Todavia, é o auditor que deverá receber diretamente as respostas. A circularização implica na obtenção de declaração formal e isenta de pessoas independentes com relação ao ente auditado. Os procedimentos a seguir estão relacionados com os exames de confirmação: seleção criteriosa dos itens para serem examinados; controle dos pedidos de confirmação, para serem remetidos aos destinatários; procedimento alternativo de verificação para as respostas de confirmações não recebidas; as respostas do pedido de confirmação devem ser endereçadas ao auditor e algumas confirmações devem ser obtidas pessoalmente, nos casos julgados apropriados.

A circularização pode ser classificada nos seguintes tipos:

- preta: quando fornece o saldo a ser confirmado;
- branca: quando não fornece o saldo a ser confirmado;
- negativa: informa que não é necessária a resposta quando o auditado concorda com o valor informado. A solicitação de confirmação negativa é aquela em que a parte que confirma deve responder diretamente ao auditor somente se discordar das informações fornecidas na solicitação. As

confirmações negativas fornecem evidências menos persuasivas que as positivas; portanto, somente devem ser utilizadas se: o auditor avaliou o risco de distorção como baixo e obteve evidência em relação à efetividade operacional dos controles; a população de itens selecionados compreende um grande número de saldos contábeis, transações ou condições homogêneas de pequena magnitude; espera-se uma taxa de exceção muito pequena; e o auditor não tem conhecimento de situações que fariam que os circularizados ignorassem essas solicitações;

- positiva: quando informa que é necessária a resposta. A solicitação de confirmação positiva é aquela em que a parte que confirma deve responder diretamente ao auditor, indicando expressamente se concorda ou discorda das informações solicitadas.

Segundo ainda o CFC, ao aplicar o procedimento de confirmação, o auditor deve considerar: afirmações abordadas; riscos de distorção; forma e apresentação da solicitação; experiência anterior; método de comunicação (por exemplo, em papel, em formato eletrônico ou outro meio); autorização ou incentivo da administração para as partes que confirmam para responderem; capacidade da parte que confirma em fornecer ou confirmar as informações solicitadas.

Ao usar procedimentos de circularização, o auditor deve manter os seguintes controles: definir as informações a serem confirmadas; seleção apropriada da parte que confirma; definição do tipo de solicitações de confirmação, assegurando-se de que elas estejam devidamente endereçadas e que contenham as informações para retorno das respostas diretamente ao auditor; e envio das solicitações, incluindo 2º pedido, quando aplicável, para a parte circularizada.

A **circularização dos advogados** é uma forma de o auditor obter confirmação independente das informações referentes a situações relacionadas a litígios, pedidos de indenização ou questões tributárias. As respostas recebidas do departamento jurídico da entidade, ou de seus consultores internos, quando esses não forem os patronos das causas, mas as acompanham, servem de evidência para o auditor avaliar se a administração adotou os procedimentos adequados para a contabilização e/ou divulgação dos passivos não registrados e/ou das contingências (ativas ou passivas).

Em sua resposta, os advogados devem informar a avaliação da probabilidade ou possibilidade de perda da questão.

- Recálculo: consiste na verificação manual ou eletronicamente da exatidão matemática de documentos ou registros. Também é denominado de conferência de cálculo. Corresponde à revisão dos principais cálculos realizados pela entidade auditada, de modo a verificar sua exatidão.

- Reexecução: envolve a execução independente pelo auditor de procedimentos ou controles que foram originalmente realizados como parte do controle interno da entidade.

- Indagação: consiste na busca de informações junto a pessoas com conhecimento, financeiro e não financeiro, dentro ou fora da entidade. Também denominada entrevista, abrange questões dirigidas de forma técnica aos auditados de modo a detalhar e esclarecer procedimentos. Pode ser realizada de forma estruturada (questões padronizadas) ou não estruturadas.

- Procedimentos analíticos: consistem em avaliação das informações feitas por meio de estudo das relações entre dados financeiros e não financeiros. Os procedimentos analíticos incluem, também, a investigação de flutuações e relações identificadas que sejam inconsistentes com outras informações relevantes ou que se desviem significativamente dos valores previstos. Os procedimentos de revisão analítica representam a avaliação dos dados com base em testes globais, aplicação de índices de análise de balanço e análise de variações. Na aplicação dos procedimentos de revisão analítica, o auditor deve considerar a disponibilidade das informações, sua confiabilidade, relevância e comparabilidade.

5.3 • APLICAÇÃO DOS PROCEDIMENTOS DE AUDITORIA

A aplicação dos procedimentos de auditoria, segundo o CFC, "deve ser realizada, em razão da complexidade e volume das operações, por meio de provas seletivas, testes e amostragens, cabendo ao auditor, com base na análise de riscos de auditoria e outros elementos de que dispuser, determinar a amplitude dos exames necessários à obtenção dos elementos de convicção que sejam válidos para o todo".

Os meios à disposição do auditor para a seleção de itens a serem testados, nos quais os procedimentos descritos serão aplicados, são:

- Seleção de todos os itens, sendo mais comum para testes de detalhes, um exame de 100% pode ser apropriado quando:
    - a população constitui um número pequeno de itens de grande valor;
    - há um risco significativo e outros meios não fornecem evidência; ou
    - a natureza repetitiva de um cálculo ou outro processo executado automaticamente por sistema de informação torna um exame de 100% eficiente quanto aos custos.
- Seleção de itens específicos, que não constitui amostragem em auditoria, depende do entendimento da entidade pelo auditor, dos riscos avaliados de distorção relevante e das características da população que está sendo testada. Os itens específicos selecionados podem incluir: valor alto ou itens-chave; todos os itens anteriores de certo valor; e itens para obtenção de informação.
- Amostragem, que, como visto no Capítulo 4, destina-se a possibilitar conclusões a serem tiradas de uma população inteira com base no teste de um extrato dela obtido.

5.4 USO DE ESPECIALISTAS

Muitas vezes o auditado pode utilizar especialistas para obter o conhecimento especializado necessário (cálculos atuariais, qualidade do material, avaliações ou dados de engenharia, entre outros) para a elaboração de demonstrações contábeis.

Quando há utilização de especialistas, a natureza, época e extensão dos procedimentos de auditoria podem ser afetados por temas como: natureza e complexidade do assunto relacionado ao especialista; riscos de distorção; disponibilidade de fontes alternativas de evidência; natureza, alcance e objetivos do trabalho do especialista; se o especialista é empregado pela entidade ou é contratado; extensão em que a administração pode exercer controle ou influência sobre o trabalho do especialista; se o especialista está sujeito a padrões de desempenho técnico ou outras exigências profissionais; natureza e extensão de controles dentro da entidade sobre o trabalho do especialista; conhecimento e experiência do auditor sobre a área de atuação do especialista; experiência prévia do auditor com o trabalho desse especialista.

A competência, habilidade e objetividade de um especialista podem ser constatadas a partir de: experiência pessoal com trabalho anterior; discussões com o especialista; discussões com outros que estejam familiarizados com o trabalho desse especialista; conhecimento das qualificações desse especialista; dissertações publicadas ou livros escritos por esse especialista; um especialista do auditor, se aplicável, que o auxilie na obtenção de evidência referente às informações apresentadas pelo especialista da administração.

5.5 • CONTINGÊNCIAS

A administração da entidade auditada possui a responsabilidade primária pela divulgação das informações sobre eventos contingenciais. Contudo, cabe ao auditor, segundo o CFC, a aplicação dos seguintes procedimentos com respeito aos passivos não registrados e às contingências:

- indagar e discutir com a administração a respeito das políticas e dos procedimentos adotados;
- obter, formalmente, da administração uma descrição das contingências na data de encerramento das demonstrações contábeis e para o período que abrange essa data e a data de emissão do parecer de auditoria;
- examinar os documentos vinculados aos passivos não registrados e às contingências, incluindo correspondências e faturas de consultores jurídicos;
- obter representação formal da administração, contendo a lista de consultores ou assessores jurídicos que cuidam do assunto e representação de que todas as contingências potenciais ou ainda não formalizadas, relevantes, foram divulgadas nas demonstrações contábeis.

Outros procedimentos que podem ser aplicados são: leitura de atas de reuniões de acionistas ou cotistas, de diretores e dos conselhos; leitura de contratos, acordos de empréstimos, contratos de arrendamentos e correspondências recebidas de autoridades fiscais ou de agências reguladoras; obtenção de informações relativas a garantias de empréstimos ou financiamentos; revisão da conta "Honorários Advocatícios", "serviços prestados por terceiros" ou título similar, objetivando confirmar para quais advogados serão enviadas as cartas de circularização; leitura do livro fiscal Termo de Ocorrências ou equivalente, e leitura ou exame de qualquer outro documento que inclua possíveis garantias dadas.

No que se refere às contingências passivas, o auditor deve adotar procedimentos que o assegurem de que todas as relevantes, decorrentes de processos judiciais, foram identificadas pela administração na elaboração das demonstrações contábeis.

5.6 • TIPOS DE TESTES EM ÁREAS ESPECÍFICAS DAS DEMONSTRAÇÕES CONTÁBEIS

São apresentados, a seguir, sem pretender esgotar a lista, alguns objetivos e procedimentos de auditoria em algumas áreas do Balanço Patrimonial:

- Disponível

  Os objetivos de auditoria do disponível são verificar se:

  - os valores registrados no disponível representam as disponibilidades do auditado;
  - os valores registrados no disponível estão adequadamente classificados;
  - as divulgações relativas ao disponível foram devidamente realizadas;
  - não há gravames ou riscos sobre o disponível;
  - a legislação correspondente foi seguida;
  - todo o disponível de propriedade da organização foi devidamente apresentado;
  - os Princípios de Contabilidade foram devidamente aplicados;
  - as Normas Brasileiras de Contabilidade foram seguidas.

  Os principais procedimentos de auditoria do disponível são:

  - contagem física do numerário em caixa, que deve ser feita sempre na presença do responsável, devendo ser obtida uma declaração por escrito de que os valores contados foram devolvidos na totalidade;
  - confirmação dos saldos bancários;
  - confirmação das aplicações financeiras;
  - confirmação das pessoas autorizadas a movimentar as contas bancárias e aplicações financeira;

- análise dos controles de distribuição de senhas;
- verificação da existência de limites de alçadas;
- conferência de somas das conciliações bancárias e boletins de caixa;
- revisão das conciliações bancárias;
- recálculo da remuneração das aplicações financeiras;
- correlação com a área de empréstimos;
- observação da adequada classificação das contas;
- observação da adequada aplicação das Normas Brasileiras de Contabilidade;
- observação da adequada aplicação dos Princípios de Contabilidade.

Contas a Receber

Os objetivos de auditoria do contas a receber são verificar se:

- os valores registrados em contas a receber representam verdadeiramente valores realizáveis do auditado;
- os valores registrados em contas a receber estão adequadamente classificados;
- as divulgações relativas ao contas a receber foram devidamente realizadas;
- não há gravames ou riscos sobre o contas a receber;
- a legislação correspondente foi seguida;
- todo o contas a receber de propriedade da organização foi devidamente apresentado;
- as Normas Brasileiras de Contabilidade foram seguidas;
- os Princípios de Contabilidade foram devidamente aplicados.

Os principais procedimentos de auditoria do contas a receber são:

- contagem de duplicatas e títulos a receber, se aplicável;
- confirmação de contas a receber relevantes;
- recálculo de juros e correções que foram apropriados;
- revisão das classificações de curto e longo prazos;

- conferência da adequação dos valores considerados como provisão para devedores duvidosos;
- exame do registro do razão analítico do contas a receber;
- exame da liquidação subsequente;
- correlação com a área de vendas;
- observação da adequada classificação das contas;
- observação da adequada aplicação das Normas Brasileiras de Contabilidade;
- observação da adequada aplicação dos Princípios de Contabilidade.

Estoques

Os objetivos de auditoria dos estoques são verificar se:

- os bens registrados como estoques existem fisicamente;
- os valores registrados no estoque representam verdadeiramente bens realizáveis da auditada;
- os valores registrados no estoque estão adequadamente classificados;
- os valores registrados no estoque estão adequadamente avaliados;
- as divulgações relativas ao estoque foram devidamente realizadas;
- não há gravames ou riscos sobre o estoque;
- a legislação correspondente foi seguida;
- todo o estoque de propriedade da organização foi devidamente apresentado;
- as Normas Brasileiras de Contabilidade foram seguidas;
- os Princípios de Contabilidade foram devidamente aplicados.

Os principais procedimentos de auditoria do estoque são:

- contagem física do estoque por amostragem;
- revisão dos procedimentos utilizados pelo auditado na realização de inventários;
- revisão dos mapas de inventário;
- exame dos documentos de entrada e de saída do estoque;
- análise dos estoques de baixa rotatividade ou morosos;

- análise dos estoques obsoletos ou improváveis de realização;
- exame da adoção do critério de custo ou mercado, dos dois o menor;
- confirmação dos estoques em poder de terceiros;
- confirmação dos estoques de terceiros em poder da organização;
- confirmação das importações em andamento;
- recálculo de cálculos de apropriação de custos;
- correlação com o custo das vendas e com o contas a pagar;
- observação da adequada classificação das contas;
- observação da adequada aplicação das Normas Brasileiras de Contabilidade;
- observação da adequada aplicação dos Princípios de Contabilidade.

Despesas Antecipadas

Os objetivos de auditoria das despesas antecipadas são verificar se:

- os valores registrados em despesas antecipadas representam verdadeiramente gastos que beneficiarão o exercício seguinte;
- os valores registrados em despesas antecipadas estão corretamente classificados;
- a legislação correspondente foi seguida;
- os valores das coberturas estão compatíveis com os valores de mercado dos bens segurados;
- há cobertura suficiente para os ativos;
- as Normas Brasileiras de Contabilidade foram seguidas;
- os Princípios de Contabilidade foram devidamente aplicados.

Os principais procedimentos de auditoria das despesas antecipadas são:

- análise da adequação das apólices;
- análise da adequação dos contratos;
- confirmação dos valores das apólices e dos pagamentos;
- conferência de cálculos das apropriações feitas para o resultado;

- observação da adequada classificação das contas;
- correlação com a área de despesas;
- observação da adequada da aplicação das Normas Brasileiras de Contabilidade;
- observação da adequada aplicação dos Princípios de Contabilidade.

Investimentos

Os objetivos de auditoria dos investimentos são verificar se:

- os investimentos efetivamente existem;
- os valores registrados como investimentos representam verdadeiramente participações permanentes em outras organizações;
- os valores registrados como investimentos são realizáveis;
- os valores registrados como investimentos estão adequadamente classificados;
- as divulgações relativas aos investimentos foram devidamente realizadas;
- não há gravames ou riscos sobre os investimentos;
- a legislação correspondente foi seguida;
- todos os investimentos de propriedade da organização foram devidamente apresentados;
- as Normas Brasileiras de Contabilidade foram seguidas;
- os Princípios de Contabilidade foram devidamente aplicados.

Os principais procedimentos de auditoria dos investimentos são:

- inspeção física dos títulos dos principais valores classificados nos investimentos;
- exame dos documentos de entrada e de baixa dos investimentos;
- análise dos investimentos considerados como não realizáveis;
- recálculo de atualizações realizadas;
- recálculo da equivalência patrimonial;
- recálculos das provisões para perdas;
- confirmação com terceiros;

- correlação com o resultado;
- observação da adequada classificação das contas;
- observação da adequada aplicação das as Normas Brasileiras de Contabilidade;
- observação da adequada aplicação dos Princípios de Contabilidade.

Imobilizado

Os objetivos de auditoria do imobilizado são verificar se:

- os bens registrados como imobilizado existem fisicamente;
- os valores registrados no imobilizado representam verdadeiramente bens e direitos que estão sendo utilizados nas operações da organização;
- os valores registrados como imobilizado são realizáveis;
- os valores registrados no imobilizado estão adequadamente classificados;
- as divulgações relativas ao imobilizado foram devidamente realizadas;
- não há gravames ou riscos sobre o imobilizado;
- a legislação correspondente foi seguida;
- todo o imobilizado de propriedade da organização foi devidamente apresentado;
- as Normas Brasileiras de Contabilidade foram seguidas;
- os Princípios de Contabilidade foram devidamente aplicados.

Os principais procedimentos de auditoria do imobilizado são:

- inspeção física dos principais valores classificados no imobilizado;
- exame dos documentos de entrada e de baixa do imobilizado;
- análise dos bens imobilizados considerados como inservíveis;
- confirmação das importações em andamento;
- confirmação dos contratos de arrendamento mercantil;
- revisão dos livros de inventário;
- recálculo de apropriação de depreciação, amortização e exaustão;
- revisão das análises de recuperabilidade feitas;

- correlação com o resultado;
- observação da adequada classificação das contas;
- observação da adequada aplicação das Normas Brasileiras de Contabilidade;
- observação da adequada aplicação dos Princípios de Contabilidade.

Contas a Pagar

Os objetivos de auditoria do contas a pagar são verificar se:

- os valores registrados em contas a pagar representam verdadeiramente valores exigíveis do auditado;
- os valores registrados em contas a pagar estão adequadamente classificados;
- as divulgações relativas ao contas a pagar foram devidamente realizadas;
- existem ativos dados em garantias ou vinculados ao contas a pagar;
- todos os passivos contingentes foram devidamente registrados;
- a legislação correspondente foi seguida;
- todo o contas a pagar da organização foi devidamente apresentado;
- as Normas Brasileiras de Contabilidade foram seguidas;
- os Princípios de Contabilidade foram devidamente aplicados.

Os principais procedimentos de auditoria do contas a pagar são:

- exame das duplicatas e títulos a pagar;
- confirmação dos saldos das contas a pagar;
- recálculo de juros e correções incorridos;
- recálculo de impostos e contribuições devidas;
- recálculo das provisões de férias e outras;
- revisão das classificações de curto e longo prazos;
- exame do registro do razão analítico do contas a pagar;
- correlação com a área de compras e estoques;
- exame da liquidação subsequente;

- observação da adequada classificação das contas;
- observação da adequada aplicação das Normas Brasileiras de Contabilidade;
- observação da adequada aplicação dos Princípios de Contabilidade.

- Empréstimo

Os objetivos de auditoria de empréstimo são verificar se:

- os valores registrados como empréstimo representam verdadeiramente valores exigíveis da auditada;
- os valores registrados como empréstimo estão adequadamente classificados;
- as divulgações relativas aos empréstimos foram devidamente realizadas;
- existem ativos dados em garantias ou vinculados aos empréstimos;
- todos os passivos contingentes foram devidamente registrados;
- a legislação correspondente foi seguida;
- todos os empréstimos da organização foram devidamente apresentados;
- as Normas Brasileiras de Contabilidade foram seguidas;
- os Princípios de Contabilidade foram devidamente aplicados.

Os principais procedimentos de auditoria dos empréstimos são:

- exame documental dos contratos de empréstimo;
- exame documental dos pagamentos realizados;
- confirmação dos saldos de empréstimos;
- recálculo de juros e variações incorridos;
- revisão das classificações de curto e longo prazos;
- exame dos controles paralelos;
- correlação com a área de disponibilidades e de despesas;
- exame da liquidação subsequente;
- observação da adequada classificação das contas;
- observação da adequada aplicação das Normas Brasileiras de Contabilidade;

- observação da adequada aplicação dos Princípios de Contabilidade.

Patrimônio Líquido

Os objetivos de auditoria do patrimônio líquido são verificar se:

- os valores registrados no patrimônio líquido representam verdadeiramente valores pertencentes ao auditado;
- os valores registrados no patrimônio líquido estão adequadamente classificados;
- as divulgações relativas ao patrimônio líquido foram devidamente realizadas;
- a legislação correspondente foi seguida;
- as normas estatutárias foram seguida;
- as Normas Brasileiras de Contabilidade foram seguidas;
- os Princípios de Contabilidade foram devidamente aplicados.

Os principais procedimentos de auditoria do patrimônio liquido são:

- contagem das cautelas de ações;
- confirmação da participação acionária;
- confirmação dos valores classificados como reservas de capital;
- recálculo das reservas de lucro;
- recálculo das realizações de reservas;
- recálculo da distribuição dos dividendos;
- revisão das classificações contábeis realizadas;
- exame das atas de assembleias;
- correlação com a área de resultado;
- observação da adequada aplicação das Normas Brasileiras de Contabilidade;
- observação da adequada aplicação dos Princípios de Contabilidade.

Resultado do Exercício

Os objetivos de auditoria do resultado do exercício são verificar se:

- os valores registrados no resultado do exercício representam verdadeiramente receitas realizadas e despesas incorridas do auditado;

- todos os custos e despesas foram contrapostos às receitas;
- os valores registrados no resultado do exercício estão adequadamente classificados;
- as divulgações relativas ao resultado do exercício foram devidamente realizadas;
- a legislação correspondente foi seguida;
- as Normas Brasileiras de Contabilidade foram seguidas;
- os Princípios de Contabilidade foram devidamente aplicados.

Os principais procedimentos de auditoria do resultado do exercício são:

- correlação com as outras áreas do balanço;
- correlação com os exames de controle interno;
- exame documental da receita e da despesa;
- análise de variações;
- correlação com os resultados da revisão dos controles internos das áreas de faturamento, de pessoal e de custo;
- estudo e análise das contas de resultado;
- recálculos de juros, receitas financeiras e impostos;
- observação da adequada aplicação das Normas Brasileiras de Contabilidade;
- observação da adequada aplicação dos Princípios de Contabilidade.

5.7 • EVIDÊNCIA DE AUDITORIA

Evidência é toda prova obtida pelo auditor, em face da aplicação dos procedimentos de auditoria, para avaliar se os critérios estabelecidos estão sendo ou não atendidos.

De acordo com a Resolução CFC n. 1.217/2009, que aprova a NBC TA 500 — Evidência de Auditoria, o auditor deve definir e executar procedimentos de auditoria que permitam a consecução de evidência adequada (qualidade) e suficiente (quantidade) que lhe possibilite obter conclusões razoáveis para fundamentar sua opinião.

Ainda segundo o CFC, a evidência de auditoria compreende as informações, incluindo as contidas nos registros que suportam as demonstrações financeiras e outras, utilizadas pelo auditor para fundamentar sua opinião com o menor grau de risco possível. Uma evidência adequada é assim considerada quando for relevante e confiável para suportar a opinião do auditor. A suficiência está relacionada com a quantidade de evidência necessária para suportar essa opinião e é afetada pela avaliação do auditor dos riscos de distorção relevante e também pela qualidade dessa evidência.

A qualidade de toda evidência de auditoria é afetada pela relevância e confiabilidade das informações em que ela se baseia.

A relevância trata da relação lógica ou da influência sobre a finalidade do procedimento e a matéria sob auditoria, e pode ser afetada pelo direcionamento do teste. Por exemplo, se a finalidade de um procedimento é verificar se há superavaliação na existência ou valorização das contas a pagar, testar as contas a pagar registradas pode ser um procedimento relevante. Por outro lado, para testar se há subavaliação na existência ou valorização das contas a pagar, testar as contas a pagar registradas não seria relevante, mas testar informações como desembolsos subsequentes, faturas não pagas, faturas de fornecedores e exceções apontadas nos relatórios de recebimento de mercadorias podem ser relevantes.

A evidência de auditoria é conseguida pela execução de: procedimentos de avaliação de riscos e procedimentos adicionais de auditoria, que abrangem:

- **testes de controle**, quando exigidos pelas normas de auditoria ou definidos pelo auditor; e
- **procedimentos substantivos**, inclusive testes de detalhes e procedimentos analíticos substantivos.

Os testes de controle são definidos para avaliar a eficácia operacional dos controles na prevenção, detecção e correção de distorções relevantes.

Os procedimentos substantivos são definidos para detectar distorções relevantes. A definição de procedimentos substantivos inclui a identificação de condições relevantes para o propósito do teste que constitui distorção na afirmação relevante.

A evidência de auditoria é classificada segundo os procedimentos que a originaram. Assim, tem-se:

- **Evidência física**: obtida em decorrência de uma inspeção física ou observação direta de pessoas, bens ou transações. Normalmente é apresentada sob a forma de fotografias, gráficos, memorandos descritivos, mapas, amostras físicas etc.
- **Evidência documental**: é aquela obtida dos exames de ofícios, contratos, documentos comprobatórios (notas fiscais, recibos, duplicatas quitadas etc.) e de informações prestadas por pessoas de dentro e de fora da entidade auditada, sendo que a evidência obtida de fontes externas adequadas é mais fidedigna que a obtida na própria organização sob auditoria.
- **Evidência testemunhal**: é aquela decorrente da aplicação de entrevistas ou questionários.
- **Evidência analítica**: decorre da conferência de cálculos, comparações, correlações e análises feitas pelo auditor, dentre outras.

5.8 • CONFIABILIDADE DAS INFORMAÇÕES

Para as novas normas do CFC, a confiabilidade das informações é influenciada pela fonte, natureza e as circunstâncias nas quais são obtidas, incluindo os controles sobre sua elaboração e manutenção. Embora possam existir exceções, generalizações sobre a confiabilidade da evidência de auditoria podem ser úteis. Assim, a evidência:

- é mais confiável quando obtida de fontes independentes;
- gerada internamente é mais confiável quando os controles internos relacionados são efetivos;
- obtida diretamente pelo auditor é mais confiável que a obtida indiretamente ou por inferência;
- em forma de documentos é mais confiável que a evidência obtida verbalmente;
- fornecida por documentos originais é mais confiável que a fornecida por fotocópias ou fac-símiles ou por documentos que foram filmados, digitalizados ou transpostos de outra maneira para forma eletrônica.

Quando as evidências forem obtidas com a utilização de um especialista, o auditor deve, em relação a esse profissional:

- avaliar a competência, habilidades e objetividade;
- obter entendimento do trabalho;
- avaliar a adequação do trabalho.

Quando as evidências forem obtidas com base em informações apresentadas pelo auditado, o auditor deve: a) obter prova sobre a exatidão e integridade e b) avaliar se elas são suficientemente precisas e detalhadas.

Quando a informação eletrônica não puder ser recuperada após um período, o auditor pode julgar necessário solicitar a retenção de alguns dados para sua revisão ou executar procedimentos de auditoria no momento em que a informação esteja disponível.

Capítulo 6

DOCUMENTAÇÃO DE AUDITORIA

6.1 • CONCEITO E CARACTERÍSTICAS

As evidências obtidas pelo auditor, devidamente compiladas, são denominadas de documentação de auditoria, anteriormente chamada papéis de trabalho. Ela representa o conjunto organizado de documentos obtidos ou preparados pelo auditor, de forma manual, por meios eletrônicos ou por outros meios, que constituem a prova do trabalho executado e servem de fundamento dos comentários emitidos.

O CFC, através da Resolução n. 1.206/2009, aprovou a NBC TA 230 — Documentação de Auditoria, objetivando apresentar as regras básicas a respeito da documentação mínima obrigatória a ser gerada no contexto da auditoria das demonstrações financeiras.

Nos termos dessa norma, **documentação de auditoria** é o registro tempestivo dos procedimentos, das evidências relevantes e conclusões alcançadas pelo auditor, com a finalidade de:

- auxiliar no planejamento e execução da auditoria;
- registrar assuntos relevantes;
- permitir inspeções externas;
- contribuir para a supervisão dos trabalhos de auditoria e o controle de qualidade;
- permitir a responsabilização.

A documentação de auditoria é preparada de modo a permitir que um auditor experiente compreenda o processo auditorial, independentemente de esclarecimento adicional. Ela objetiva fornecer evidência para a opinião do auditor quanto ao cumprimento do objetivo da auditoria, bem como se os exames foram planejados e executados em conformidade às normas de auditoria e exigências legais e regulamentares aplicáveis.

O auditor deve documentar todas as questões que foram consideradas importantes para proporcionar evidência, visando fundamentar o relatório e comprovar que a auditoria foi executada de acordo com as Normas de Auditoria das Demonstrações Financeiras.

A **documentação de auditoria**, em resumo, registra as evidências que respaldam as conclusões e opiniões significativas do auditor, constituindo-se no principal subsídio do relatório. Permitem, também, que o auditor execute e supervisione a auditoria, além de possibilitar a revisão de qualidade por parte de outros auditores. Em síntese, o auditor deve documentar a auditoria para registrar todas as descobertas e para comprovar o trabalho efetuado. Ressalte-se que não somente as análises elaboradas, mas qualquer documento obtido pelo auditor, que se constitua evidência de um exame realizado, também é denominado documentação de auditoria. Assim, pode-se ter como elementos integrantes: DVDs, CDs, fotografias, entre outros.

Em uma auditoria das demonstrações financeiras, para elaboração de suas análises, o auditor normalmente utiliza formulários pré-impressos divididos em colunas. Contudo, em vista da dinâmica utilizada, muitas informações constantes na pasta de trabalho do auditor são constituídas por documentos elaborados pela própria entidade auditada.

Apesar de ser preparada a partir dos documentos originais, que são de propriedade do auditado, bem como das informações com ela relacionadas, a documentação de auditoria é de propriedade exclusiva do auditor, pois é nela que se encontra fundamentada sua opinião.

6.2 • PRAZO PARA GUARDA

Por conterem documentos e informações obtidos sobre o auditado, que não podem ser utilizados em benefício próprio ou de outrem, a documentação de auditoria é de natureza exclusivamente confidencial. O auditor deve adotar procedimentos apropriados para arquivar sua documentação de trabalho.

A **documentação de auditoria**, devidamente revisada, deve ser arquivada em prazo não superior a 60 dias após a data do relatório, e guardada por período não inferior a cinco anos a contar, também, da data desse relatório. Se for necessário modificar a documentação de auditoria após a montagem do arquivo final, o auditor deve documentar as razões, quando e por quem foram executados e revisados. Sua apresentação a terceiros depende, sempre, de prévia autorização do auditado.

6.3 • REGRAS DE ELABORAÇÃO

A forma, o conteúdo e a extensão da documentação de auditoria dependem de fatores como:

- tamanho e complexidade do auditado;
- natureza dos procedimentos;
- riscos de distorção;
- importância da evidência;
- natureza e extensão das exceções identificadas;
- necessidade de documentar a conclusão;
- metodologia e as ferramentas de auditoria usadas.

O auditor pode considerar útil como parte da documentação de auditoria um resumo (conhecido como memorando de conclusão) que descreva os assuntos significativos identificados e como eles foram tratados.

Quando da elaboração da documentação da auditoria, o auditor deve considerar as seguintes regras básicas:

- Precisão: deve ser elaborada sob um extremo rigor técnico. Não pode conter informações imprecisas e inadequadas.
- Concisão: deve ser concisa, de forma que qualquer interessado e conhecedor das normas e procedimentos de auditoria entenda-a sem a necessidade de explicações adicionais de quem a elaborou.
- Objetividade: deve ser elaborada, de forma que dela se depreenda o objetivo dos exames e até onde o auditor pôde chegar.

- Clareza: deve ser clara para não prejudicar sua compreensão.
- Lógica: deve ser preparada de maneira racional com início, meio e fim, na sequência natural do objetivo a ser atingido.
- Completitude: deve conter todas as informações necessárias para fundamentar a emissão da opinião do auditor. Isso quer dizer que deve ser completa por si só.

6.4 USO DA DOCUMENTAÇÃO DE AUDITORIA

Além das finalidades apresentadas pelo CFC (auxiliar no planejamento e execução da auditoria; registrar assuntos relevantes; permitir inspeções externas; contribuir para a supervisão dos trabalhos de auditoria e o controle de qualidade; permitir a responsabilização), a documentação de auditoria pode ser utilizada para:

- Apresentar um registro permanente dos exames realizados, incluindo: descrição dos dados relativos ao escopo do trabalho, que são devidamente considerados no plano de auditoria; detalhamento dos procedimentos descritos no programa de auditoria; registro da revisão e avaliação do sistema de controle interno; extensão do exame e testes de auditoria realizados sobre os registros e natureza e grau de adequação das informações obtidas.
- Demonstrar os objetivos, escopo e metodologia, incluindo os critérios de amostragem utilizados.
- Evidenciar o trabalho realizado que embase as conclusões e comentários significativos.
- Fornecer informações relevantes com relação ao planejamento de futuras auditorias.
- Servir como evidência que fundamente o relatório emitido.
- Registrar a evidência de reexame da supervisão do trabalho realizado, facilitando a revisão.
- Fornecer aos supervisores a oportunidade de avaliar a qualidade dos membros da equipe quanto à competência técnica em assuntos de auditoria, senso de organização e habilidade em planejar, executar e avaliar o trabalho.

- Ajudar, pela análise dos documentos de auditorias anteriores, ou pelos coligidos quando da contratação de uma primeira auditoria, no planejamento e execução da auditoria.

6.5 IDENTIFICAÇÃO DA DOCUMENTAÇÃO DE AUDITORIA

Cada documento de auditoria, elaborado ou obtido pelo auditor, deve ser adequadamente identificado. Assim, ele deve conter:

- cabeçalho, com identificação dos auditores, do auditado e da área auditada;
- referência para indexação;
- data da realização do trabalho;
- assinatura do responsável pela elaboração;
- assinatura do responsável pela revisão;
- título da área;
- objetivo da documentação de auditoria.

6.6 DESCRIÇÃO DAS INFORMAÇÕES DA DOCUMENTAÇÃO DE AUDITORIA

A descrição dos dados na documentação de auditoria está dividida em dois estágios basicamente. O primeiro consiste na sua compilação. O segundo, no arquivamento, na forma a seguir demonstrada:

- Compilação de informações: incluem demonstrativos e mapas de movimentação preparados pelos departamentos de contabilidade, financeiro, de pessoal, fiscal e operacionais ou pelo auditor. Por exemplo: demonstrativo das movimentações; memorandos; confirmações; análises; composições e outros tipos de documentação preparada ou reunida durante o exame.
- Arquivamento: a documentação de auditoria, segundo as informações que contém, deve ser arquivada em pastas, como segue:

- Pasta permanente: contendo legislação básica, estrutura organizacional, plano de contas, fluxogramas, manual de serviços, bem como outras informações de natureza permanente. Portanto, nesta pasta, arquivam-se os documentos que são utilizados em diversas auditorias em uma determinada organização.
- Pasta corrente: nesta pasta é arquivada a documentação de auditoria utilizada em um único trabalho. Nas auditorias recorrentes, ela pode ser usada como fonte de consulta. Como exemplo desse tipo de documentação de auditoria, tem-se: análises de transações, programas de auditoria, memorandos, questionários de avaliação dos controles internos, balancetes, movimentação de contas, entre outros.
- Referenciação: a documentação de auditoria deve ser devidamente referenciada para fins de arquivamento e organicidade. Normalmente é utilizado o tipo de referência **alfanumérica**, sendo as letras para representar o papel principal de cada área e as letras e números para representar os documentos subsidiários.

6.7 ORGANIZAÇÃO DA DOCUMENTAÇÃO DE AUDITORIA

A documentação de auditoria deve ser organizada de forma a facilitar o manuseio. Seu conjunto pode ser dividido em **folhas mestras** ou sintéticas, subsidiárias ou analíticas.

As **folhas mestras** descrevem as contas examinadas por área do balanço na Auditoria Independente de Demonstrações Financeiras. A documentação de auditoria é complementada pelas folhas subsidiárias (programas, folhas-suporte, movimentações de conta, análises, conciliações, testes e demonstrativos), que evidenciam todo o exame realizado.

Em síntese, uma parte da documentação de auditoria pode ser organizada, contendo os seguintes documentos:

- capa da pasta, com identificação do auditor, do auditado, da auditoria, período de realização dos trabalhos e outras informações consideradas importantes;
- índice da documentação;
- plano de auditoria;

- programa de auditoria;
- controle de tempo dos trabalhos;
- notas do supervisor;
- documentação de auditoria, contendo as evidências por área examinada;
- correspondências emitidas;
- respostas recebidas, devidamente referenciadas com a documentação de auditoria;
- desenvolvimento das recomendações;
- relatório de auditoria devidamente referenciado.

Para evidenciar os trabalhos realizados na documentação de auditoria, os auditores utilizam letras e tiques explicativos.

As letras são utilizadas para destacar exceções encontradas na aplicação dos procedimentos.

Os tiques são sinais particulares que evidenciam os exames feitos ou a fonte de obtenção de informações.

Como exemplo de tiques, têm-se:

≈ — Soma conferida.

W — Conforme documentação de auditoria do ano anterior.

⊥ — Conforme razão.

√ — Examinada nota fiscal de compra.

As letras e os tiques devem ser grafadas em vermelho.

6.8 • EXEMPLOS DE DOCUMENTAÇÃO DE AUDITORIA

Segundo o CFC, são exemplos de documentação de auditoria:

- programas de auditoria;
- análises;
- memorandos;

- resumos de temas relevantes;
- cartas de confirmação e representação;
- listas de verificação;
- correspondências, inclusive correio eletrônico.

Além destes, a documentação de auditoria pode incluir:

- informações sobre a estrutura organizacional e legal do auditado;
- cópias ou excertos de documentos legais, contratos e atas;
- informações sobre o setor de atividades, ambiente econômico e legal em que o auditado opera;
- evidências do processo de planejamento, incluindo programas de auditoria e quaisquer mudanças nesses programas;
- evidências do entendimento, por parte do auditor, do sistema contábil e de controle interno, e sua concordância quanto à eficácia e adequação deste;
- evidências de avaliação dos riscos de auditoria;
- evidências de avaliação e conclusões do auditor e revisão sobre o trabalho da auditoria interna;
- análises de transações, movimentação e saldos de contas;
- análises de tendências, coeficientes, quocientes, índices e outros indicadores significativos;
- registro da natureza, oportunidade e extensão dos procedimentos de auditoria e seus resultados;
- evidências de que o trabalho executado pela equipe técnica foi supervisionado e revisado;
- indicação de quem executou e revisou os procedimentos de auditoria e de quando o fez;
- detalhes dos procedimentos relativos a demonstrações financeiras auditadas por outro auditor;
- cópias de comunicações com outros auditores, peritos, especialistas e terceiros;

- cópias de comunicações à administração do auditado, e suas respostas, em relação aos trabalhos, às condições de contratação e às deficiências constatadas, inclusive no controle interno;
- cartas de responsabilidade da administração;
- conclusões do auditor acerca de aspectos significativos, incluindo o modo como foram resolvidas ou tratadas questões não usuais; e
- cópias das demonstrações financeiras, assinadas pela administração do auditado e pelo contabilista responsável, e do relatório do auditor.

A **extensão da documentação de auditoria** é julgamento profissional do auditor. Contudo, ela pode ser padronizada para melhorar a eficácia dos trabalhos, facilitar a delegação de tarefas e melhor controlar a qualidade dos exames. Entre a documentação de auditoria que pode ser padronizada, têm-se: listas de verificação de procedimentos, cartas de confirmação de saldos, termos de inspeções físicas de caixa, de estoques e de outros ativos.

6.9 • REVISÃO DA DOCUMENTAÇÃO DE AUDITORIA

Ao registrar a natureza, a época e a extensão dos procedimentos de auditoria executados, bem como todos os assuntos relevantes na documentação da auditoria, o auditor deve registrar as características dos assuntos testados, o responsável pela execução e a revisão dos trabalhos.

Documentar a revisão não implica a necessidade de que cada documento de trabalho evidencie essa revisão; porém, significa demonstrar que o trabalho de auditoria foi revisado, quem revisou e quando foi feita a revisão.

Capítulo 7

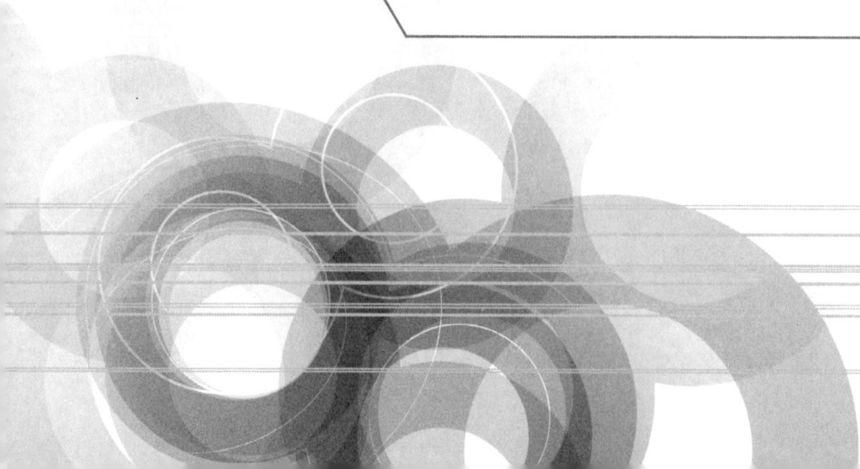

RELATÓRIO DE AUDITORIA

7.1 CONCEITO

Consoante as normas de auditoria, ao realizar uma auditoria independente sobre as demonstrações financeiras, o auditor objetiva formar uma opinião com base na avaliação das conclusões suportadas por evidência suficiente e adequada e expressar claramente essa opinião por meio de relatório escrito de auditoria.

Relatório de auditoria é o produto final do processo de auditoria e consiste em uma narração ou descrição escrita, ordenada e minuciosa dos fatos que foram constatados, com base em evidência concreta, durante o transcurso dos exames de Auditoria Independente de Demonstrações Financeiras.

A figura a seguir demonstra o processo auditorial e seus principais pontos de controle ou produtos.

Fonte: elaborado pelos autores.

Figura 7.1 Processo auditorial.

O relatório é o instrumento técnico por meio do qual o auditor comunica ou apresenta os resultados dos trabalhos realizados, suas conclusões, opiniões, recomendações e as providências necessárias que devem ser tomadas pela administração.

O relatório de auditoria é a opinião manifestada ou declarada pelo auditor em decorrência de seus exames sobre as demonstrações financeiras. Através dele, o auditor informa aos administradores, sócios, investidores e demais interessados nas informações contábeis, de forma clara e objetiva, se concorda ou não com os fatos divulgados e apresenta as respectivas razões.

O quadro a seguir apresenta as normas do CFC que versam sobre relatório de auditoria.

Quadro 7.1 Normas sobre relatório de auditoria.

- Resolução CFC n. 1.231/2009: aprova a NBC TA 700 — Formação da Opinião e Emissão do Relatório do Auditor Independente sobre as Demonstrações Contábeis.
- Resolução CFC n. 1.232/2009: aprova a NBC TA 705 — Modificações na Opinião do Auditor Independente.
- Resolução CFC n. 1.233/2009: aprova a NBC TA 706 — Parágrafos de Ênfase e Parágrafos de Outros Assuntos no Relatório do Auditor Independente.
- Resolução CFC n. 1.234/2009: aprova a NBC TA 710 — Informações Comparativas — Valores Correspondentes e Demonstrações Contábeis Comparativas.
- Resolução CFC n. 1.235/2009: aprova a NBC TA 720 — Responsabilidade do Auditor em Relação a Outras Informações Incluídas em Documentos que Contenham Demonstrações Contábeis Auditadas.

O relatório de auditoria deve expressar, clara e objetivamente, se as demonstrações financeiras auditadas, em todos os aspectos relevantes, na opinião do auditor, representam, adequadamente ou não, consoante as disposições normativas na data do levantamento e para o período a que correspondam: a posição patrimonial, o resultado das operações, as mutações do patrimônio líquido e os fluxos de caixa.

7.2 TIPOS DE OPINIÃO

Segundo as novas normas do CFC, a opinião do auditor sobre as demonstrações financeiras pode ser não modificada (sem restrições) ou modificada (com restrições). Assim:

Opinião do auditor	
Não modificada ou Sem restrições	Modificada ou Com restrições

7.2.1 Opinião não modificada

Uma opinião é considerada não modificada ou sem restrições quando o auditor conclui que as demonstrações financeiras são elaboradas, em todos os aspectos relevantes, de acordo com a estrutura de relatório financeiro aplicável, ou seja, um padrão estabelecido, que, no Brasil, é denominado de práticas contábeis brasileiras e compreendem: a) legislação societária; b) Normas Brasileiras de Contabilidade, emitidas pelo CFC; c) pronunciamentos, interpretações e orientações emitidos pelo Comitê de Pronunciamentos Contábeis (CPC) e homologados pelos órgãos reguladores; e (d) práticas adotadas pelas entidades em assuntos não regulados, desde que atendam à NBC T 1 — Estrutura Conceitual para a Elaboração e Apresentação das Demonstrações Contábeis, emitida pelo CFC, e, por conseguinte, em consonância com as normas contábeis internacionais.

Para formar essa opinião, o auditor deve concluir se obteve segurança razoável sobre se as demonstrações financeiras tomadas em conjunto não apresentam distorções relevantes, independentemente se causadas por fraude ou erro. Essa conclusão deve levar em consideração: a) se foi obtida evidência apropriada e suficiente; b) se as distorções não corrigidas são relevantes, individualmente ou em conjunto; e c) outras avaliações que incluam a consideração dos aspectos qualitativos das práticas contábeis adotadas, incluindo indicadores de possível tendenciosidade nos julgamentos da administração.

De forma específica, o auditor deve avaliar se:

- as demonstrações financeiras divulgam adequadamente as práticas contábeis;
- as práticas contábeis são consistentes com a estrutura de relatório financeiro aplicável e são apropriadas;
- as estimativas contábeis feitas pela administração são razoáveis;
- as informações apresentadas nas demonstrações financeiras são relevantes, confiáveis, comparáveis e compreensíveis;
- as demonstrações financeiras fornecem divulgações adequadas para permitir que os usuários entendam o efeito de transações e eventos relevantes sobre as informações apresentadas;
- a terminologia usada nas demonstrações financeiras, incluindo o título, é apropriada; e

- as demonstrações financeiras fazem referência ou descrevem, adequadamente, a prática contábil adotada.

Sempre que o auditor emitir relatório que não seja não modificado (sem ressalvas), ele deve incluir uma descrição clara de todas as razões fundamentadas dos efeitos possíveis sobre as demonstrações financeiras. Essas informações devem, preferencialmente, ser apresentadas em parágrafo separado, precedendo a opinião ou mesmo negativa, e também incluir uma referência sobre uma discussão mais ampla em nota explicativa às demonstrações financeiras.

O auditor deve **revisar e avaliar todas as conclusões** obtidas, para poder suportar a emissão do seu relatório sobre as demonstrações financeiras.

Essa revisão e avaliação implicam na elaboração de uma opinião conveniente sobre se as demonstrações financeiras:

- representam, adequadamente, a situação orçamentária, financeira, econômica e patrimonial de uma organização;
- foram elaboradas, de acordo com os Princípios de Contabilidade;
- foram elaboradas, segundo critérios e procedimentos de contabilidade geralmente aceitos no Brasil;
- obedecem às regulamentações normativas e às exigências estatutárias;
- consideram todas as informações julgadas necessárias em todos os assuntos relevantes, que possibilitem a apresentação adequada.

O relatório de auditoria deve expressar de forma prudente e imparcial a opinião do auditor sobre as demonstrações financeiras tomadas em conjunto. Uma opinião sem modificações, sem restrições ou limpa demonstra a concordância do auditor sobre todos os aspectos relevantes divulgados nas mencionadas demonstrações.

7.2.2 Opinião modificada

O auditor deve modificar a opinião no seu relatório após discussão com a administração, se: a) concluir, com base em evidência, que as demonstrações financeiras tomadas em conjunto apresentam distorções relevantes; ou b) não conseguir obter evidência apropriada e suficiente para concluir se as demonstrações tomadas em conjunto não apresentam distorções relevantes.

Quando for emitida uma opinião modificada, parcialmente divergente, divergente ou mesmo não se emitir opinião — denominadas, respectivamente, de opiniões com ressalva, adversa e negativa de opinião, como será explicado — o relatório de auditoria deve manifestar, de forma clara e informativa, todos os motivos que levaram o auditor a tomar tal decisão.

7.3 • COMPONENTES DO RELATÓRIO DE AUDITORIA

O relatório de auditoria segue determinado padrão no que tange à forma e ao conteúdo, de modo a facilitar o entendimento do leitor interessado. Os elementos básicos que devem ser considerados, segundo as normas de auditoria, são:

- Título: para indicar que é o relatório do auditor independente, por exemplo, "Relatório do auditor independente". Um título adequado deve ser usado, de modo a ajudar o leitor a identificar o documento e facilmente distingui-lo dos demais relatórios que são publicados em conjunto, tais como parecer do Conselho de Administração, Relatório da Diretoria etc.
- Destinatário: o relatório deve ser dirigido aos acionistas ou à diretoria da entidade cujas demonstrações financeiras estejam sendo auditadas. Em circunstâncias próprias ou específicas, o parecer pode ser dirigido ao contratante dos serviços.
- Parágrafo introdutório: deve a) identificar a entidade auditada; b) afirmar que as demonstrações financeiras foram auditadas; c) identificar o título de cada demonstração; d) fazer referência ao resumo das principais práticas contábeis e demais notas explicativas; e e) especificar a data ou o período de cada demonstração.
- Responsabilidade da administração sobre as demonstrações financeiras: seção que descreve quem são os responsáveis pela elaboração das demonstrações financeiras. O relatório não precisa referir-se especificamente à "administração", mas deve usar termo que seja apropriado no contexto.
- Responsabilidade do auditor: seção que deve especificar que a responsabilidade do auditor é expressar uma opinião sobre as demonstrações financeiras.
- Descrição da auditoria: seção que deve descrever a auditoria especificando que: a) a auditoria envolve a execução de procedimentos para obtenção de

evidência a respeito dos valores e divulgações nas demonstrações financeiras; b) os procedimentos selecionados dependem do julgamento do auditor, incluindo a avaliação dos riscos de distorção relevante nas demonstrações financeiras, independentemente se causadas por fraude ou erro; e c) a auditoria inclui, também, a avaliação da adequação das práticas utilizadas e a razoabilidade das estimativas feitas pela administração, bem como a avaliação da apresentação das demonstrações, tomadas em conjunto.

Quando as demonstrações são elaboradas de acordo com uma estrutura de apresentação adequada, a descrição da auditoria deve referir-se à "elaboração e adequada apresentação das demonstrações financeiras pela entidade" ou "elaboração de demonstrações financeiras pela entidade, que apresenta uma visão correta e adequada".

- Opinião do auditor: ao expressar uma opinião não modificada sobre as demonstrações contábeis, elaboradas de acordo com a estrutura de apresentação adequada, a opinião do auditor deve utilizar uma das seguintes frases: a) as demonstrações financeiras apresentam, adequadamente, em todos os aspectos relevantes, [...] de acordo com [a estrutura de relatório financeiro aplicável]; ou b) as demonstrações financeiras apresentam [uma visão correta e adequada de acordo com a estrutura de relatório financeiro aplicável].
- Outras responsabilidades relativas à emissão do relatório de auditoria: seção com o subtítulo "Relatório do auditor independente sobre outros requisitos legais e regulatórios" ou de outra forma, conforme apropriado, se for requerido ao auditor tratar no seu relatório de outras responsabilidades em relação às demonstrações financeiras que são complementares à sua responsabilidade.
- Assinatura do auditor: em nome da firma de auditoria, em nome pessoal do auditor ou dos dois, conforme apropriado, incluindo sua qualificação profissional na área contábil. Na realização da auditoria contábil, o relatório deve ser datado e assinado pelo contador responsável pelos trabalhos com a indicação do seu número de registro no Conselho Regional de Contabilidade (CRC). Caso o trabalho tenha sido realizado por empresa de auditoria, o nome e número no CRC também devem constar do parecer.
- Data: que não pode ser anterior à data em que o auditor obteve evidência apropriada e suficiente para fundamentar sua opinião sobre as demonstrações

financeiras. Essa data informa ao leitor que o auditor considerou o efeito, sobre as demonstrações financeiras e sobre a sua opinião, de eventos, dos quais ele teve conhecimento, que tenham ocorrido até aquela data. A data do parecer deve corresponder ao dia do encerramento dos trabalhos de auditoria na entidade.

- Endereço do auditor independente. Em resumo, segundo a Resolução do CFC n. 1.231/2009, o relatório de auditoria compõe-se, basicamente, dos parágrafos descritos na figura a seguir.

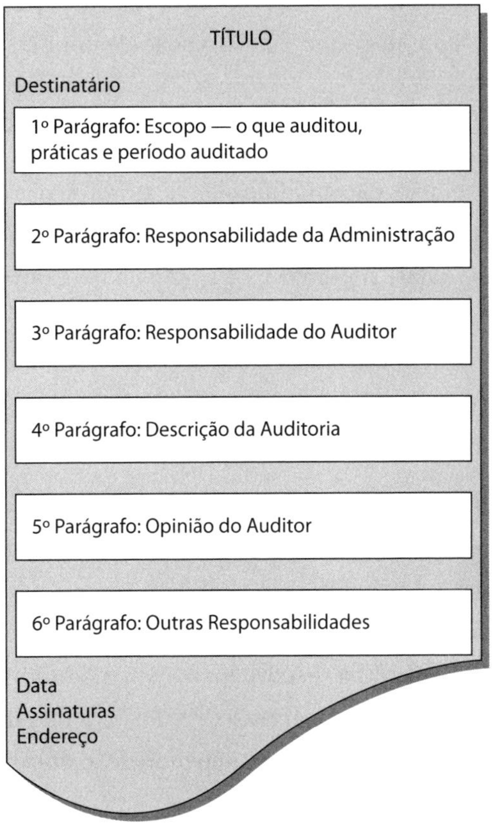

Figura 7.2 ● Modelo básico de parecer.

Pode-se concluir, portanto, que o relatório de auditoria é o documento mediante o qual o auditor expressa sua opinião ou não, de forma clara e objetiva, sobre as demonstrações financeiras nele indicadas e se elas foram elaboradas de acordo com práticas contábeis adotadas no Brasil. Como o auditor assume, ao emitir seu parecer, responsabilidade técnico-profissional perante o público, é fundamental que tal documento obedeça às características intrínsecas e extrínsecas estabelecidas em normas próprias.

7.4 • TIPOS DE RELATÓRIO DE AUDITORIA

O relatório de auditoria é classificado, segundo a natureza da opinião que apresenta, em: não modificado ou sem ressalva; modificado ou com ressalva, com restrições; o adverso e com negativa ou abstenção de opinião.

7.4.1 Relatório com opinião não modificada (relatório sem ressalva)

O relatório com opinião não modificada, relatório sem ressalva, relatório sem restrições ou "limpo" indica que o auditor está convencido de que as demonstrações financeiras foram elaboradas, segundo os Princípios de Contabilidade (PCs) e com as demais disposições contábeis e legais pertinentes, em todos os seus aspectos relevantes. Na hipótese de não observância das disposições normativas, a emissão de um relatório sem ressalva está condicionada à avaliação dos efeitos pelo auditor e se as divulgações cabíveis foram feitas nas demonstrações financeiras e em notas explicativas.

O auditor pode não emitir um relatório sem ressalvas, quando existirem quaisquer das circunstâncias seguintes, as quais, na opinião do auditor, tenham efeitos que sejam relevantes e possam impactar, significativamente, as demonstrações contábeis: a) há limitação na amplitude do seu trabalho, ou seja, há elementos significativos que não puderam ser auditados; b) há discordância com a administração a respeito das demonstrações financeiras; c) há incerteza significativa não divulgada, que afeta as demonstrações financeiras e cuja solução depende de eventos futuros.

A circunstância descrita na alínea a) pode conduzir à opinião com ressalvas ou negativa de opinião. A circunstância descrita em b) pode conduzir a uma opinião com ressalva ou adversa. Já a descrita em c) ocasiona uma opinião com ressalva ou limpa. Nesse último caso, com a inclusão do parágrafo de ênfase, se a incerteza for corretamente divulgada em notas explicativas.

O quadro a seguir ilustra bem a correspondência entre as circunstâncias verificadas pelo auditor durante a condução de seus trabalhos e os possíveis tipos de opinião.

Quadro 7.2 ● Circunstâncias verificadas x Tipos de opinião.

Circunstância verificada	Tipo de opinião
Limitação na amplitude do seu trabalho, ou seja, há elementos significativos que não puderam ser auditados.	• Com ressalvas. • Negativa de opinião.
Discordância com a administração a respeito das demonstrações contábeis.	• Com ressalva. • Adversa.
Incerteza significativa não divulgada, que afeta as demonstrações contábeis e cuja solução depende de eventos futuros.	• Com ressalva. • Limpo (inclusão do parágrafo de ênfase, se a incerteza for corretamente divulgada em notas explicativas).

O relatório não modificado ou sem ressalva deve obedecer ao seguinte modelo:

RELATÓRIO DO(S) AUDITOR(ES) INDEPENDENTE(S) SOBRE AS DEMONSTRAÇÕES CONTÁBEIS

[Destinatário apropriado]

Examinamos as demonstrações contábeis da Companhia ABC, que compreendem o balanço patrimonial em 31 de dezembro de 20X1 e as respectivas demonstrações do resultado, das mutações do patrimônio líquido, dos fluxos de caixa e do valor adicionado para o exercício findo naquela data, assim como o resumo das principais práticas contábeis e demais notas explicativas.

[Responsabilidade da administração sobre as demonstrações contábeis]

A administração da Companhia é responsável pela elaboração e adequada apresentação dessas demonstrações contábeis, de acordo com as práticas contábeis adotadas no Brasil e pelos controles internos que ela determinou como necessários para permitir a elaboração de demonstrações contábeis livres de distorção relevante, independentemente se causada por fraude ou erro.

[Responsabilidade dos auditores independentes]

Nossa responsabilidade é a de expressar uma opinião sobre essas demonstrações contábeis com base em nossa auditoria, conduzida de acordo com as normas brasileiras e internacionais de auditoria. Essas normas requerem o cumprimento de exigências éticas pelos auditores e que a auditoria seja planejada e executada com o objetivo de obter segurança razoável de que as demonstrações contábeis estão livres de distorção relevante.

Uma auditoria envolve a execução de procedimentos selecionados para obtenção de evidência a respeito dos valores e divulgações apresentados nas demonstrações contábeis. Os procedimentos selecionados dependem do julgamento do auditor, incluindo a avaliação dos riscos de distorção relevante nas demonstrações contábeis, independentemente se causada por fraude ou erro. Nessa avaliação de riscos, o auditor

Continua

considera os controles internos relevantes para a elaboração e adequada apresentação das demonstrações contábeis da Companhia para planejar os procedimentos de auditoria que são apropriados nas circunstâncias, mas não para fins de expressar uma opinião sobre a eficácia desses controles internos da Companhia. Uma auditoria inclui, também, a avaliação da adequação das práticas contábeis utilizadas e a razoabilidade das estimativas contábeis feitas pela administração, bem como a avaliação da apresentação das demonstrações contábeis tomadas em conjunto.
Acreditamos que a evidência de auditoria obtida é suficiente e apropriada para fundamentar nossa opinião.
[Opinião]
Em nossa opinião, as demonstrações contábeis acima referidas apresentam, adequadamente, em todos os aspectos relevantes, a posição patrimonial e financeira da Companhia ABC em 31 de dezembro de 20X1, o desempenho de suas operações e seus fluxos de caixa para o exercício findo naquela data, de acordo com as práticas contábeis adotadas no Brasil.
[Local (localidade do escritório de auditoria que emitiu o relatório) e data do relatório do auditor independente]
[Nome do auditor independente (pessoa física ou jurídica)]
[Nome do profissional (sócio ou responsável técnico, no caso de o auditor ser pessoa jurídica)]
[Números de registro no CRC da firma de auditoria e do profissional que assina o relatório]
[Assinatura do auditor independente]

7.4.2 Relatório com modificações ou com ressalva

A Resolução CFC n. 1.232/2009 que aprova a NBC TA 705, trata das modificações na opinião do auditor.

O auditor deve expressar uma opinião modificada sobre as demonstrações financeiras quando concluir, com base em evidência, que essas demonstrações como um todo apresentam distorções relevantes; ou não conseguir obter evidência apropriada e suficiente para concluir que as demonstrações financeiras como um todo não apresentam distorções relevantes.

7.4.2.1 Tipos de opinião modificada

São tipos de opinião modificada: a) com ressalva, b) opinião adversa e c) abstenção de opinião. A decisão sobre que tipo de opinião modificada é apropriada depende da natureza do assunto que deu origem à modificação, ou seja, se as demonstrações contábeis apresentam distorção relevante ou, no caso de impossibilidade de obter evidência apropriada e suficiente, podem apresentar distorção relevante; e opinião do auditor sobre a disseminação dos efeitos reais ou possíveis do assunto sobre as demonstrações contábeis.

Pode surgir uma distorção relevante nas demonstrações contábeis em relação a: a) adequação e aplicação de políticas contábeis; b) adequação das divulgações nas demonstrações contábeis.

- Relatório com ressalva

O relatório com ressalva ou com restrições é apresentado quando o auditor conclui que as discordâncias ou restrições no escopo de um trabalho não são relevantes a ponto de determinar a emissão de um relatório adverso ou de uma negativa de opinião. Em outras palavras, é expresso quando o auditor avalia que não pode emitir um relatório sem ressalvas, mas que o efeito da discordância ou da restrição de amplitude não é tão significativa, que requeira um relatório adverso, ou mesmo uma negativa de opinião.

O auditor deve expressar uma opinião com ressalva quando obtiver evidência apropriada e suficiente para concluir que as distorções, individualmente ou em conjunto, são relevantes, mas não generalizadas nas demonstrações financeiras; ou não obter evidência apropriada e suficiente para suportar sua opinião, mas possa concluir que os possíveis efeitos de distorções não detectadas, se houver, sobre as demonstrações financeiras poderiam ser relevantes, mas não generalizados.

Quando o auditor expressa uma opinião com ressalva devido a uma distorção relevante nas demonstrações financeiras, ele deve declarar que, em sua opinião, **exceto** pelos efeitos do(s) assunto(s) descrito(s) no parágrafo sobre a base para opinião com ressalva: a) as demonstrações financeiras estão apresentadas adequadamente, em todos os aspectos relevantes (ou apresentam uma visão verdadeira e justa), de acordo com a estrutura de relatório financeiro aplicável; ou b) as demonstrações financeiras foram elaboradas adequadamente, em todos os aspectos relevantes, de acordo com a estrutura de relatório financeiro aplicável. Quando a modificação é decorrente da impossibilidade de obter evidência apropriada e suficiente de auditoria, o auditor deve usar a correspondente frase "exceto pelos possíveis efeitos do(s) assunto(s) [...]" para a opinião modificada.

O relatório com ressalva deve obedecer basicamente ao modelo do parecer limpo com a inclusão dos parágrafos das ressalvas e com a utilização das expressões "exceto por", "exceto quanto" ou "com exceção de" no parágrafo da opinião, referindo-se aos efeitos do assunto objeto da ressalva.

O relatório com ressalva deve obedecer ao seguinte modelo:

RELATÓRIO DOS AUDITORES INDEPENDENTES SOBRE AS DEMONSTRAÇÕES CONTÁBEIS

[Destinatário apropriado]

Examinamos as demonstrações contábeis da Companhia ABC, que compreendem o balanço patrimonial em 31 de dezembro de 20X1 e as respectivas demonstrações do resultado, das mutações do patrimônio líquido, dos fluxos de caixa e do valor adicionado para o exercício findo naquela data, assim como o resumo das principais práticas contábeis e demais notas explicativas.

[Responsabilidade da administração da Companhia sobre as demonstrações contábeis]

A administração da Companhia é responsável pela elaboração e adequada apresentação dessas demonstrações contábeis, de acordo com as práticas contábeis adotadas no Brasil e pelos controles internos que ela determinou como necessários para permitir a elaboração de demonstrações contábeis livres de distorção relevante, independentemente se causada por fraude ou erro.

[Responsabilidade dos auditores independentes]

Nossa responsabilidade é a de expressar uma opinião sobre essas demonstrações contábeis com base em nossa auditoria, conduzida de acordo com as normas brasileiras e internacionais de auditoria. Essas normas requerem o cumprimento de exigências éticas pelos auditores e que a auditoria seja planejada e executada com o objetivo de obter segurança razoável de que as demonstrações contábeis estão livres de distorção relevante.

Uma auditoria envolve a execução de procedimentos selecionados para obtenção de evidência a respeito dos valores e divulgações apresentados nas demonstrações contábeis. Os procedimentos selecionados dependem do julgamento do auditor, incluindo a avaliação dos riscos de distorção relevante nas demonstrações contábeis, independentemente se causada por fraude ou erro. Nessa avaliação de riscos, o auditor considera os controles internos relevantes para a elaboração e adequada apresentação das demonstrações contábeis da Companhia para planejar os procedimentos de auditoria que são apropriados nas circunstâncias, mas não para fins de expressar uma opinião sobre a eficácia desses controles internos da Companhia. Uma auditoria inclui, também, a avaliação da adequação das práticas contábeis utilizadas e a razoabilidade das estimativas contábeis feitas pela administração, bem como a avaliação da apresentação das demonstrações contábeis tomadas em conjunto.

Acreditamos que a evidência de auditoria obtida é suficiente e apropriada para fundamentar nossa opinião.

[Base para opinião com ressalva]

Os estoques da Companhia estão apresentados no balanço patrimonial por $ xxx. A administração não avaliou os estoques pelo menor valor entre o custo e o valor líquido

Continua

Continuação

de realização, mas somente pelo custo, o que representa um desvio em relação às práticas contábeis adotadas no Brasil. Os registros da Companhia indicam que, se a administração tivesse avaliado os estoques pelo menor valor entre o custo e o valor líquido de realização, teria sido necessária uma provisão de $ xxx para reduzir os estoques ao valor líquido de realização. Consequentemente, o lucro líquido e o patrimônio líquido teriam sido reduzidos em $ xxx e $ xxx, respectivamente, após os efeitos tributários.
[Opinião com ressalva]
Em nossa opinião, exceto pelos efeitos do assunto descrito no parágrafo-base para opinião com ressalva, as demonstrações contábeis acima referidas apresentam, adequadamente, em todos os aspectos relevantes, a posição patrimonial e financeira da Companhia ABC em 31 de dezembro de 20X1, o desempenho de suas operações e seus fluxos de caixa para o exercício findo naquela data, de acordo com as práticas contábeis adotadas no Brasil.
[Local (localidade do escritório de auditoria que emitiu o relatório)]
[Data do relatório do auditor independente]
[Nome do auditor independente (pessoa física ou jurídica)]
[Nome do profissional (sócio ou responsável técnico, no caso de o auditor ser pessoa jurídica)]
[Números de registro no CRC da firma de auditoria e do profissional que assina o relatório]
[Assinatura do auditor independente]

Relatório adverso

O relatório adverso é emitido quando o auditor realiza seus exames, mas discorda completamente das demonstrações financeiras apresentadas. Ou seja, o auditor deve emitir esse tipo de relatório quando verificar que essas demonstrações estão incorretas ou incompletas, em tal magnitude que impossibilite a emissão do parecer com ressalva. Nesse caso, o auditor emite opinião de que as demonstrações não representam, adequadamente, a posição patrimonial e/ou o resultado das operações, e/ou as mutações do patrimônio líquido, e/ou os fluxos de caixa do auditado nas datas e períodos indicados.

O auditor deve expressar uma opinião adversa quando obtiver evidência apropriada e suficiente, mas concluir que as distorções, individualmente ou em conjunto, são relevantes e generalizadas nas demonstrações financeiras.

Quando o auditor expressa uma opinião adversa, ele deve especificar que, em sua opinião, devido à relevância do(s) assunto (s) descrito(s) no parágrafo sobre a base para opinião adversa: a) as demonstrações financeiras não estão apresentadas adequadamente (ou não apresentam uma visão verdadeira e justa), de acordo com a estrutura de relatório financeiro aplicável; ou b) as demonstrações financeiras não foram elaboradas adequadamente, em todos os aspectos relevantes, de acordo com a estrutura de relatório financeiro aplicável.

Quando o auditor emitir um relatório adverso, deve explicitar todas as razões e justificativas necessárias nos parágrafos intermediários, entre o escopo e a opinião.

O relatório adverso deve obedecer ao seguinte modelo:

> RELATÓRIO DOS AUDITORES INDEPENDENTES SOBRE AS DEMONSTRAÇÕES CONTÁBEIS
>
> [Destinatário apropriado]
> (Idem ao Exemplo 1)
> [Responsabildade da administração da Companhia sobre as demonstrações contábeis consolidadas]
> (Idem ao Exemplo 1)
> [Responsabilidade dos auditores independentes]
> (Idem ao Exemplo 1)
> Acreditamos que a evidência de auditoria obtida é suficiente e apropriada para fundamentar nossa opinião adversa.
> [Base para opinião adversa]
> Conforme explicado na Nota X, a Companhia não consolidou as demonstrações contábeis da controlada XYZ, que foi adquirida durante 20X1, devido a não ter sido possível determinar os valores justos de certos ativos e passivos relevantes dessa controlada, na data da aquisição. Esse investimento, portanto, está contabilizado com base no custo. De acordo com as normas internacionais de relatório financeiro, a controlada deveria ter sido consolidada. Se a controlada XYZ tivesse sido consolidada, muitos elementos nas demonstrações contábeis teriam sido afetados de forma relevante. Os efeitos da não consolidação sobre as demonstrações contábeis não foram determinados.
> [Opinião adversa]
> Em nossa opinião, devido à importância do assunto discutido no parágrafo-base para opinião adversa, as demonstrações contábeis consolidadas não apresentam, adequadamente, a posição patrimonial e financeira consolidada da Companhia ABC e suas controladas em 31 de dezembro de 20X1, o desempenho consolidado das suas operações e os fluxos de caixa consolidados para o exercício findo em 31 de dezembro de 20X1 de acordo com as normas internacionais de relatório financeiro.
> [Local (localidade do escritório de auditoria que emitiu o relatório)]
> [Data do relatório do auditor independente]
> [Nome do auditor independente (pessoa física ou jurídica)]
> [Nome do profissional (sócio ou responsável técnico, no caso de o auditor ser pessoa jurídica)]
> [Números de registro no CRC da firma de auditoria e do profissional que assina o relatório]
> [Assinatura do auditor independente]

Relatório com negativa ou abstenção de opinião

O relatório com negativa ou abstenção de opinião é aquele em que o auditor deixa de emitir opinião sobre as demonstrações financeiras, por não ter obtido evidência adequada para fundamentá-la ou em face de uma restrição significativa. Todavia, essa negativa não elimina a responsabilidade do auditor de informar qualquer fato significativo que possa influenciar a tomada de decisão dos usuários das demonstrações financeiras.

O auditor deve abster-se de expressar uma opinião quando não obtiver evidência apropriada e suficiente para suportar sua opinião e concluir que os possíveis efeitos de distorções não detectadas, se houver, sobre as demonstrações financeiras poderiam ser relevantes e generalizadas.

Quando o auditor se abstém de expressar uma opinião em virtude da impossibilidade de obter evidência de auditoria apropriada e suficiente, ele deve especificar que: a) devido à relevância do(s) assunto(s) descrito(s) no parágrafo sobre a base para abstenção de opinião, o auditor não conseguiu obter evidência de auditoria apropriada e suficiente para fundamentar sua opinião de auditoria; e, consequentemente, b) o auditor não expressa opinião sobre as demonstrações financeiras.

O relatório com negativa ou abstenção de opinião deve obedecer ao seguinte modelo:

> RELATÓRIO DOS AUDITORES INDEPENDENTES SOBRE AS DEMONSTRAÇÕES CONTÁBEIS
> [Destinatário apropriado]
> (Idem ao Exemplo 4)
> [Responsabilidade da administração da Companhia sobre as demonstrações contábeis]
> (Idem ao Exemplo 4)
> [Responsabilidade dos auditores independentes]
> (Idem ao Exemplo 4)
> [Base para abstenção de opinião]
> Fomos nomeados auditores da Companhia ABC após 31 de dezembro de 20X1 e, portanto, não acompanhamos a contagem física dos estoques no início e no final do exercício. Não foi possível nos satisfazer por meios alternativos quanto às quantidades em estoque em 31 de dezembro de 20X0 e 20X1 que estão registradas no balanço patrimonial por $ xxx e $ xxx, respectivamente. Adicionalmente, a introdução do novo sistema informatizado de contas a receber em setembro de 20X1 resultou em diversos erros no saldo das contas a receber. Na data do nosso relatório de auditoria, a

Continua

administração ainda estava no processo de sanar as deficiências do sistema e de corrigir os erros. Não conseguimos confirmar ou verificar por meios alternativos as contas a receber incluídas no balanço patrimonial no valor total de $ xxx em 31 de dezembro de 20X1. Em decorrência desses assuntos, não foi possível determinar se teria havido necessidade de efetuar ajustes em relação aos estoques registrados ou não registrados e no saldo de contas a receber, assim como nos elementos componentes das demonstrações do resultado, das mutações do patrimônio líquido e dos fluxos de caixa.
[Abstenção de opinião]
Devido à relevância dos assuntos descritos no parágrafo-base para abstenção de opinião, não nos foi possível obter evidência de auditoria apropriada e suficiente para fundamentar nossa opinião de auditoria. Consequentemente, não expressamos opinião sobre as demonstrações contábeis acima referidas.
[Local (localidade do escritório de auditoria que emitiu o relatório)]
[Data do relatório do auditor independente]
[Nome do auditor independente (pessoa física ou jurídica)]
[Nome do profissional (sócio ou responsável técnico, no caso de o auditor ser pessoa jurídica)]
[Números de registro no CRC da firma de auditoria e do profissional que assina o relatório]
[Assinatura do auditor independente]

O auditor pode emitir um relatório com abstenção de opinião em face da relevância das incertezas.

- Relatório com parágrafo de ênfase e de outros assuntos

A Resolução CFC n. 1.233/2009 que aprova a NBC TA 706, trata sobre parágrafos de ênfase e parágrafos de outros assuntos no relatório do auditor.

Para o CFC, **parágrafo de ênfase** é o parágrafo incluído no relatório referente a um assunto apropriadamente apresentado ou divulgado nas demonstrações contábeis que, de acordo com o julgamento do auditor, é de tal importância, que é fundamental para o entendimento dessas demonstrações.

Parágrafo de outros assuntos é o parágrafo incluído no relatório que se refere a um assunto não apresentado ou não divulgado nas demonstrações financeiras e que, de acordo com o julgamento do auditor, é relevante para os usuários entenderem a auditoria, a responsabilidade do auditor ou o relatório.

O relatório com parágrafo de ênfase é emitido quando ocorre uma incerteza relevante, cujo desfecho poderá afetar significativamente a posição patrimonial da entidade, mas foi devidamente divulgada nas notas explicativas. Se o auditor concluir que a matéria envolvendo incerteza relevante não está adequadamente divulgada, seu parecer deve conter ressalva ou opinião adversa.

Quando o auditor utilizar um parágrafo de ênfase no relatório, ele deve:

- incluí-lo imediatamente após o parágrafo de opinião;
- usar o título "Ênfase" ou outro título apropriado;
- incluir no parágrafo uma referência clara ao assunto enfatizado e à nota explicativa que descreva de forma completa o assunto; e
- indicar que sua opinião não se modifica no que diz respeito ao assunto enfatizado.

Um **parágrafo de ênfase** pode ser necessário quando existir incerteza relativa ao desfecho futuro de litígio excepcional ou ação regulatória; houver aplicação antecipada (quando permitido) de nova norma contábil (por exemplo, nova prática contábil com efeito disseminado de forma generalizada nas demonstrações financeiras, antes da sua data de vigência; ocorrer grande catástrofe que tenha tido ou continue a ter efeito significativo sobre a posição patrimonial e financeira da entidade, dentre outras situações.

A inclusão de parágrafo de ênfase no relatório não afeta a opinião do auditor.

O auditor deve incluir parágrafos de outros assuntos no relatório com o título "Outros assuntos" ou outro apropriado, imediatamente após o parágrafo de opinião e de qualquer parágrafo de ênfase, ou em outra parte do relatório, se o conteúdo do parágrafo de outros assuntos for relevante para a seção "Outras Responsabilidades de Relatório".

O relatório com parágrafo de ênfase deve obedecer ao seguinte modelo:

PARECER
RELATÓRIO DOS AUDITORES INDEPENDENTES(1) SOBRE
AS DEMONSTRAÇÕES CONTÁBEIS

[Destinatário apropriado]

Examinamos as demonstrações contábeis da Companhia ABC, que compreendem o balanço patrimonial em 31 de dezembro de 20X1 e as respectivas demonstrações do resultado, das mutações do patrimônio líquido, dos fluxos de caixa e do valor adicionado para o exercício findo naquela data, assim como o resumo das principais práticas contábeis e demais notas explicativas.

[Responsabilidade da administração da Companhia pelas demonstrações contábeis]

A Administração da Companhia é responsável pela elaboração e adequada apresentação dessas demonstrações contábeis, de acordo com as práticas contábeis adotadas no Brasil, e pelos controles internos que ela determinou como necessários para permitir

Continua

a elaboração de demonstrações contábeis livres de distorção relevante, independentemente se causada por fraude ou erro.

[Responsabilidade dos auditores independentes]

Nossa responsabilidade é a de expressar uma opinião sobre essas demonstrações contábeis com base em nossa auditoria, conduzida de acordo com as normas brasileiras e internacionais de auditoria. Essas normas requerem o cumprimento de exigências éticas pelos auditores e que a auditoria seja planejada e executada com o objetivo de obter segurança razoável de que as demonstrações contábeis estão livres de distorção relevante.

Uma auditoria envolve a execução de procedimentos selecionados para obtenção de evidência a respeito dos valores e divulgações apresentados nas demonstrações contábeis. Os procedimentos selecionados dependem do julgamento do auditor, incluindo a avaliação dos riscos de distorção relevante das demonstrações contábeis, independentemente se causada por fraude ou erro. Nessa avaliação de riscos, o auditor considera os controles internos relevantes para a elaboração e adequada apresentação das demonstrações contábeis da Companhia para planejar os procedimentos de auditoria que são apropriados nas circunstâncias, mas não para fins de expressar uma opinião sobre a eficácia desses controles internos da Companhia. Uma auditoria inclui, também, a avaliação da adequação das práticas contábeis utilizadas e a razoabilidade das estimativas contábeis feitas pela administração, bem como a avaliação da apresentação das demonstrações contábeis tomadas em conjunto.

Acreditamos que a evidência de auditoria obtida é suficiente e apropriada para fundamentar nossa opinião de auditoria com ressalva.

[Base para opinião com ressalva]

As aplicações financeiras em títulos e valores mobiliários destinadas à negociação da Companhia estão apresentadas no balanço patrimonial por $ xxx. A administração não ajustou essas aplicações ao valor de mercado na data do balanço, ao invés disso, apresentou tais aplicações pelo valor de custo, o que constitui um desvio em relação às práticas contábeis adotadas no Brasil. Os registros da Companhia indicam que se a administração tivesse apresentado essas aplicações ao valor de mercado, a Companhia teria reconhecido a perda não realizada de $ xxx na demonstração do resultado para o exercício findo em.... O valor contábil das aplicações em títulos e valores mobiliários no balanço patrimonial teria sido reduzido no mesmo valor em 31 de dezembro de 20X1 e o resultado líquido, assim como o patrimônio líquido teriam sido reduzidos em $ xxx e $ yyy, respectivamente, após os efeitos tributários.

[Opinião com ressalva]

Em nossa opinião, exceto pelos efeitos do assunto descrito no parágrafo-base para a opinião com ressalva, as demonstrações contábeis acima referidas apresentam adequadamente, em todos os aspectos relevantes, a posição patrimonial e financeira da Companhia ABC em 31 de dezembro de 20X1, o desempenho de suas operações e os seus fluxos de caixa para o exercício findo naquela data, de acordo com as práticas contábeis adotadas no Brasil.

Continua

Continuação

[Ênfase]
Chamamos a atenção para a Nota X às demonstrações contábeis, que descreve a incerteza relacionada com o resultado da ação judicial movida contra a Companhia pela Empresa XYZ. Nossa opinião não contém ressalva relacionada a esse assunto.
[Local (localidade do escritório de auditoria que emitiu o relatório)]
[Data do relatório do auditor independente]
[Nome do auditor independente (pessoa física ou jurídica)]
[Nome do profissional (sócio ou responsável técnico, no caso de o auditor ser pessoa jurídica)]
[Números de registro no CRC da firma de auditoria e do profissional que assina o relatório]
[Assinatura do auditor independente]

Participação de especialista

Quando participarem especialistas nos trabalhos auditoriais, a responsabilidade do auditor fica restrita à sua competência profissional. Se for emitido um parecer sem ressalva, o auditor independente não pode fazer referência do trabalho de especialista no seu parecer.

Na hipótese de o especialista legalmente habilitado ser contratado pela entidade auditada, sem vínculo empregatício, para executar serviços que tenham efeitos relevantes nas demonstrações financeiras, este fato deve ser divulgado nas demonstrações financeiras, e o auditor, ao emitir o parecer, pode fazer referência ao trabalho do especialista.

Como resumo dessa importante fase do processo auditorial, pode-se afirmar que o relatório de auditoria é a etapa em que são apresentados os resultados dos trabalhos realizados pelo auditor.

O quadro a seguir mostra como a opinião do auditor sobre a natureza do assunto que gerou a modificação, e como a disseminação, de forma generalizada, dos seus efeitos ou possíveis efeitos sobre as demonstrações contábeis afeta o tipo de opinião a ser expressa.

Quadro 7.3 Opinião do auditor sobre a natureza da modificação.

Opinião do auditor sobre a natureza do assunto que gerou a modificação	Opinião do auditor sobre a disseminação, de forma generalizada, dos efeitos ou possíveis efeitos sobre as demonstrações contábeis	
	Relevante, mas não generalizado	**Relevante e generalizado**
As demonstrações contábeis apresentam distorções relevantes	Opinião com ressalva	Opinião adversa
Impossibilidade de obter evidência de auditoria apropriada e suficiente	Opinião com ressalva	Abstenção de opinião

Fonte: Conselho Federal de Contabilidade (CFC).

Capítulo 8

EVENTOS SUBSEQUENTES E RESPONSABILIDADE DA ADMINISTRAÇÃO

8.1 • EVENTOS SUBSEQUENTES

Nos termos da Resolução CFC n. 1.225/2009, que aprova a NBC TA 560, eventos subsequentes são transações ocorridas entre a data do balanço e a data de emissão do relatório do auditor e fatos que chegaram ao seu conhecimento após a data do seu relatório, que podem modificar, se não forem corretamente divulgadas, a opinião emitida.

São exemplos dessas situações:

- perda em contas a receber decorrente da falência do devedor;
- perdas relevantes em investimentos;
- ocorrência de sinistros;
- alterações significativas na legislação;
- pagamento ou sentença judicial.

Segundo a Resolução n. 1.225/2009, o auditor deve aplicar procedimentos específicos em relação aos eventos ocorridos entre as datas do balanço e a do seu relatório, que possam demandar ajustes nas demonstrações financeiras ou a divulgação de informações nas notas explicativas.

Os objetivos do auditor são: a) obter evidência sobre se os eventos ocorridos entre a data das demonstrações financeiras e a data do seu relatório, que precisam ser ajustados ou divulgados, estão adequadamente refletidos nessas demonstrações financeiras; e b) responder adequadamente aos fatos que chegaram ao seu conhecimento após a data de seu relatório, que, se fossem do seu conhecimento naquela data (do relatório), poderiam ter-lhe levado a alterá-lo.

Frise-se que o relatório não pode ter data anterior à data em que o auditor obteve evidência para servir de base para sua opinião sobre as demonstrações financeiras, incluindo evidência de que as pessoas com autoridade reconhecida afirmaram que assumiram responsabilidade por essas demonstrações.

Os efeitos decorrentes de eventos subsequentes relevantes devem ser considerados no relatório modificado ou em parágrafo de ênfase, quando não ajustados ou revelados adequadamente.

As situações de eventos subsequentes, tudo em consonância com o CFC, são:

- Eventos ocorridos entre a data das demonstrações financeiras e a data da emissão do relatório.
- Eventos que chegaram ao conhecimento do auditor após a data do seu relatório, mas antes da data de divulgação das demonstrações financeiras.
- Eventos ocorridos após a divulgação das demonstrações financeiras.

8.2 • EVENTOS OCORRIDOS ENTRE A DATA DAS DEMONSTRAÇÕES FINANCEIRAS E A DATA DA EMISSÃO DO RELATÓRIO

O auditor deve executar procedimentos para obter evidência de que todos os eventos ocorridos entre a data das demonstrações financeiras e a data do relatório que precisam ser ajustados ou divulgados nessas demonstrações financeiras foram identificados. Não se espera, contudo, que o auditor execute procedimentos adicionais para assuntos para os quais os procedimentos de auditoria, anteriormente aplicados, forneceram conclusões satisfatórias.

Como exemplos desses eventos, têm-se: aporte de novos recursos, inclusive como aumento de capital; aquisição de nova subsidiária ou de participação adicional relevante em investimento anterior; destruição de estoques ou estabelecimento em decorrência de sinistro; e alteração do controle societário.

Os procedimentos para identificar esses tipos de eventos são:

- revisão das medidas que a administração estabeleceu para assegurar que eventos subsequentes sejam identificados;

- leitura de atas de assembleia de acionistas ou cotistas, de reunião dos conselhos de administração e fiscal, da diretoria, bem como de comitês executivos e de auditoria, realizadas após o fim do período;
- indagação sobre assuntos discutidos nas reuniões e para os quais ainda se dispõe de atas;
- leitura das demonstrações financeiras intermediárias posteriores àquelas auditadas;
- ampliação das indagações anteriores, escritas ou verbais, aos advogados da entidade a respeito de litígios e reclamações;
- indagação à administração sobre se ocorreu qualquer evento subsequente que possa afetar as demonstrações financeiras e obtenção, da parte dela, de carta de responsabilidade.

Os exemplos de **assuntos a serem indagados** incluem: situação atual de itens contabilizados com base em dados preliminares ou não conclusivos; assunção de novos compromissos, empréstimos ou garantias concedidas; vendas de ativos; emissão de debêntures ou ações novas ou acordo de fusão, incorporação, cisão ou liquidação de atividades, ainda que parcialmente; destruição de ativos, por exemplo, por fogo ou inundação; desapropriação por parte do governo; evolução subsequente de contingências e assuntos de maior risco de auditoria; ajustes contábeis inusitados; e ocorrência ou probabilidade de ocorrência de eventos que ponham em dúvida a adequação das práticas usadas nas demonstrações contábeis, como na hipótese de dúvida sobre a continuidade normal das atividades da entidade.

Se o auditor identificar **eventos que requerem ajuste ou divulgação** nas demonstrações financeiras, ele deve determinar se cada um desses eventos está refletido de maneira apropriada nas referidas demonstrações financeiras, de acordo com a estrutura conceitual aplicável.

8.3 EVENTOS QUE CHEGARAM AO CONHECIMENTO DO AUDITOR APÓS A DATA DO SEU RELATÓRIO, MAS ANTES DA DATA DE DIVULGAÇÃO DAS DEMONSTRAÇÕES FINANCEIRAS

O auditor não é responsável pela execução de procedimentos ou indagações sobre as demonstrações financeiras após a data do seu relatório. Durante o período entre as datas do relatório do auditor e a de divulgação dessas demonstrações, **a administração é responsável por informar ao auditor fatos que possam afetar as demonstrações financeiras**. Quando, após a data do relatório do auditor, mas antes da divulgação dessas demonstrações, o auditor tomar conhecimento de um fato que possa afetá-las de maneira relevante, ele deve decidir se elas devem ser ajustadas, discutir o assunto com a administração e tomar as medidas apropriadas às circunstâncias.

Caso a administração altere as demonstrações financeiras, o auditor deve: a) aplicar os procedimentos necessários nas circunstâncias da alteração; b) estender os procedimentos até a data do novo relatório; e c) fornecer novo relatório sobre as demonstrações financeiras alteradas. O novo relatório não deve ter data anterior à data de aprovação das demonstrações financeiras alteradas.

8.4 EVENTOS OCORRIDOS APÓS A DIVULGAÇÃO DAS DEMONSTRAÇÕES FINANCEIRAS

Após a divulgação das demonstrações financeiras, o auditor não tem responsabilidade de fazer qualquer indagação sobre essas demonstrações. Entretanto, segundo o CFC, se, após a divulgação das demonstrações, ele tomar conhecimento de fato que, se fosse do seu conhecimento na data do seu relatório, poderia tê-lo levado a alterá-lo, o auditor deve:

- discutir o assunto com a administração;
- determinar se as demonstrações financeiras precisam ser alteradas e, caso afirmativo;
- indagar como a administração pretende tratar do assunto.

Segundo as novas normas de auditoria, caso a administração altere as demonstrações financeiras, o auditor deve:

- aplicar os procedimentos necessários nas circunstâncias das alterações;
- revisar as providências tomadas pela administração para garantir que todos os que receberam as demonstrações financeiras junto com o respectivo relatório do auditor sejam informados da situação;
- exceto se a legislação não restringir: a) estender os procedimentos de auditoria até a data do novo relatório, datado posteriormente à data de aprovação das demonstrações financeiras reapresentadas; e b) fornecer novo relatório sobre essas demonstrações reapresentadas;
- no caso em que a legislação não restringir, alterar seu relatório.

O auditor deve incluir no seu relatório, novo ou reemitido, Parágrafo de Ênfase com referência à nota explicativa que esclarece mais detalhadamente a razão da alteração das demonstrações financeiras e do relatório fornecido pelo auditor.

Caso a administração não adote as providências necessárias para garantir que todos os que receberam as demonstrações financeiras emitidas anteriormente sejam informados da situação e não altere essas demonstrações nas circunstâncias em que o auditor considere necessário, ele deve notificar a administração, de que procurará evitar o uso por terceiros daquele relatório. Se, apesar dessa notificação, a administração não toma as providências necessárias, o auditor deve tomar as medidas apropriadas para tentar evitar o uso, por terceiros, daquele relatório de auditoria.

Caso a administração tenha divulgado as demonstrações financeiras apesar da notificação do auditor para não divulgá-las, ele deve avaliar a adoção de medidas a serem tomadas em função de seus direitos e das suas obrigações legais. Consequentemente, pode ser apropriado buscar assessoramento.

Para ter condições de formar opinião sobre as demonstrações financeiras, respeitando os efeitos relevantes das transações e eventos subsequentes ao encerramento do exercício social, o auditor deve considerar:

- os procedimentos da administração para que os eventos sejam divulgados;
- os atos e fatos administrativos registrados em atas de reuniões de acionistas, administradores e outros órgãos estatutários;
- os informes, de qualquer espécie, divulgados pelo auditado;

- a situação de contingências conhecidas e reveladas pela administração e pelos advogados do auditado; e
- a existência de eventos, não revelados pela administração nas demonstrações financeiras, que tenham efeitos relevantes sobre as mesmas.

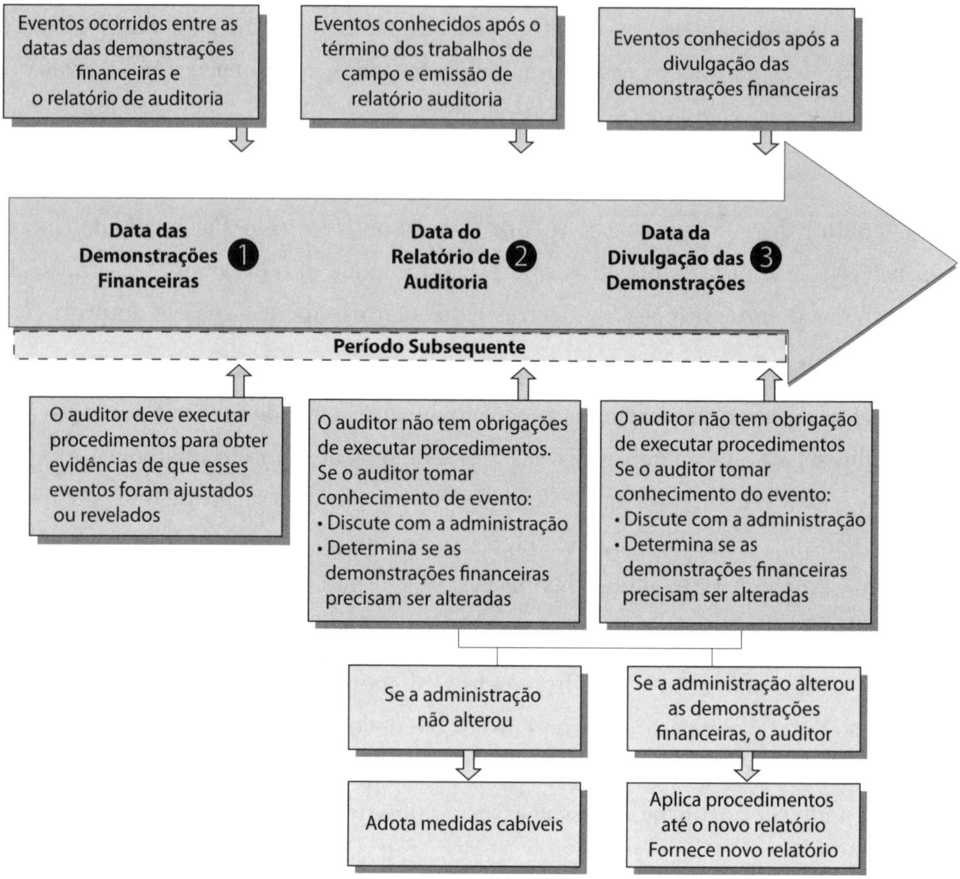

Figura 8.1 ● Resumo da análise dos eventos subseqüentes.

8.5 ● RESPONSABILIDADE DA ADMINISTRAÇÃO

Carta de responsabilidade ou representação formal é o documento obtido pelo auditor, ao término dos trabalhos, que evidenciava a "responsabilidade da administração quanto às informações e dados e à preparação e apresentação das demonstrações financeiras submetidas aos exames de auditoria". Ela é emitida com a mesma data do parecer do auditor sobre as demonstrações financeiras.

Esse tema era tratado pela Resolução n. 1.054/2005, que foi revogada pela Resolução n. 1.203/2009, que aprova a NBC TA 200 — Objetivos Gerais do Auditor Independente e a Condução da Auditoria em Conformidade com Normas de Auditoria. Atualmente a carta de responsabilidade ou representação formal é regulamentada pela Resolução n. 1.227/2009, que aprova a NBC TA 580 — Representações Formais.

A NBC TA 200 não versa especificamente sobre a carta de responsabilidade da administração, mas define que lei ou regulamento podem estabelecer as responsabilidades da administração, em relação às demonstrações financeiras. Entretanto, a extensão dessas responsabilidades, ou a forma como elas são descritas, pode ser diferente. Apesar dessa diferença, uma auditoria, em conformidade com as normas é conduzida com base na premissa de que a administração reconhece e entende que ela tem responsabilidade:

- pela elaboração das demonstrações financeiras, em conformidade com a estrutura de relatório financeiro aplicável, incluindo, quando relevante, sua apresentação adequada;
- pelo controle interno que os administradores e, quando apropriado, os responsáveis pela governança determinam ser necessário para permitir a elaboração de demonstrações financeiras que estejam livres de distorção relevante, independentemente se causada por fraude ou erro; e
- por fornecer ao auditor: i) acesso a todas as informações, que a administração e, quando apropriado, os responsáveis pela governança tenham conhecimento e que sejam relevantes para a elaboração e apresentação das demonstrações financeiras, tais como: registros e documentação, e outros assuntos; ii) informações adicionais que o auditor possa solicitar da administração e, quando apropriado, dos responsáveis pela governança para a finalidade da auditoria; e iii) acesso irrestrito às pessoas da entidade, que o auditor determine ser necessário obter evidências de auditoria.

A NBC TA 580 — Representações Formais versa especificamente sobre a responsabilidade do auditor na obtenção de representações formais ou carta de responsabilidade (por escrito) da administração e, quando apropriado, dos responsáveis pela governança, na auditoria de demonstrações financeiras.

Nos termos dessa norma, uma **representação formal** "é uma declaração escrita pela administração, fornecida ao auditor, para confirmar certos assuntos ou suportar outra evidência de auditoria". Ela deve ser obtida com data tão próxima quanto possível à data do relatório do auditor, mas não posterior.

As representações formais são fontes de evidência de auditoria; contudo, não fornecem evidência apropriada e suficiente a respeito de nenhum dos assuntos por elas tratadas. Se a administração modificar ou não fornecer as representações formais solicitadas, isso pode alertar o auditor quanto à possibilidade de que possam existir problemas de auditoria.

Além disso, o fato de que a administração forneceu representações formais confiáveis não afeta a natureza ou extensão de outras evidências de auditoria que o auditor obtenha a respeito da responsabilidade da administração ou de afirmações específicas.

Segundo o CFC, o auditor deve "obter representações formais da administração de que ela cumpriu com sua responsabilidade pela elaboração das demonstrações financeiras e pela integridade das informações fornecidas". Assim, o auditor deve solicitar à administração que forneça representação formal de que ela cumpriu sua responsabilidade pela elaboração das demonstrações, de acordo com a estrutura de relatório financeiro aplicável.

O auditor deve solicitar à administração que forneça representação formal de que:

- apresentou ao auditor todas as informações e permitiu os acessos necessários, conforme entendimentos nos termos do trabalho de auditoria; e
- todas as transações foram registradas e estão refletidas nas demonstrações financeiras.

Além disso, se as representações formais forem incompatíveis com outras evidências de auditoria, o auditor deve executar procedimentos adicionais. Se o auditor concluir que as representações formais não são confiáveis, ele deve adotar ações apropriadas, inclusive determinar o possível efeito na sua opinião no relatório de auditoria.

Se a administração não fornecer uma ou mais das representações formais solicitadas, o auditor deve:

- discutir o assunto com a administração;

- reavaliar a integridade da administração e avaliar o efeito que isso pode ter sobre a confiabilidade das representações e da evidência em geral; e
- tomar ações apropriadas, inclusive determinar o possível efeito sobre a sua opinião no relatório.

O auditor pode **abster-se dos trabalhos** se concluir que há dúvida suficiente a respeito da integridade da administração, de tal modo que as representações formais não sejam confiáveis ou se a administração não fornecer as representações formais exigidas.

As seguintes normas de auditoria contêm requisitos para representações formais:

- NBC TA 240 — Responsabilidade do Auditor em Relação à Fraude, no Contexto da Auditoria de Demonstrações Contábeis, item 39;
- NBC TA 250 — Auditoria de Demonstrações Contábeis — Consideração de Leis e Regulamentos, item 16;
- NBC TA 450 — Avaliação das Distorções Identificadas durante a Auditoria, item 14;
- NBC TA 501 — Evidência de Auditoria — Considerações Específicas para Itens Selecionados, item 12;
- NBC TA 540 — Auditoria de Estimativas Contábeis, Inclusive do Valor Justo, e Divulgações Relacionadas, item 22;
- NBC TA 550 — Partes Relacionadas, item 26;
- NBC TA 560 — Eventos Subsequentes, item 9;
- NBC TA 570 — Continuidade Operacional, item 16(e); e
- NBC TA 710 — Informações Comparativas — Valores Correspondentes e Demonstrações Contábeis Comparativas, item 9.

Os principais aspectos que devem ser considerados em uma carta de representação, a ser assinada pelo presidente (ou principal executivo), diretor financeiro e contador, são: a) ser emitida em papel timbrado do auditado; b) ser dirigida ao auditor; c) servir de referência ao período auditado e ao objetivo da auditoria; d) indicar os principais números constantes nas demonstrações financeiras; e) confirmar de que as indagações sobre esses números foram feitas, bem como declaração de que:

- as responsabilidades, como definidas nos termos do trabalho de auditoria, foram observadas;
- as estimativas, inclusive aquelas avaliadas pelo valor justo, são razoáveis;
- os relacionamentos e transações com partes relacionadas foram apropriadamente contabilizados e divulgados em conformidade com as práticas contábeis adotadas no Brasil;

- os eventos subsequentes à data das demonstrações financeiras e para os quais as práticas contábeis adotadas, no Brasil, exigem ajuste ou divulgação, foram ajustados ou divulgados;
- os efeitos das distorções não corrigidas são irrelevantes, individual e agregadamente para as demonstrações financeiras como um todo;
- foram fornecidos: a) acesso a todas as informações relevantes conhecidas para a elaboração das demonstrações financeiras, tais como registros e documentação, e outros; b) informações adicionais para o objetivo da auditoria; e c) acesso irrestrito a pessoas da entidade e que são necessárias para se obter evidência de auditoria;
- todas as transações foram registradas na contabilidade e estão refletidas nas demonstrações financeiras;
- foram divulgados os resultados da avaliação do risco de que as demonstrações financeiras possam ter distorção relevante como resultado de fraude;
- foram divulgadas todas as informações relativas à fraude ou suspeita de fraude conhecidas e que afetem a entidade e envolvam: a) administração; b) empregados com funções significativas no controle interno; ou c) outros em que a fraude poderia ter efeito relevante sobre as demonstrações financeiras;
- foram divulgadas todas as informações relativas a alegações de fraude ou suspeita de fraude que afetem as demonstrações financeiras do auditado, comunicadas por empregados, antigos empregados, analistas, reguladores ou outros;
- foram divulgados todos os casos conhecidos de não conformidade ou suspeita de não conformidade com leis e regulamentos cujos efeitos devem ser considerados na elaboração de demonstrações financeiras;
- foram divulgados todos os relacionamentos e transações com partes relacionadas.

Por fim, também deve ser considerada, na representação formal a descrição de quaisquer outros assuntos que o auditor possa considerar necessária e apropriada.

Conclusão

A auditoria das demonstrações financeiras, na qual o relatório conclusivo é de competência exclusiva de Contador registrado em CRC, constitui o conjunto de procedimentos técnicos, que tem por objetivo a emissão de parecer sobre a adequação desses informes contábeis, consoante os Princípios de Contabilidade, as Normas Brasileiras de Contabilidade e a legislação pertinente. Em outras palavras, a auditoria objetiva verificar se as demonstrações financeiras foram elaboradas de acordo com a estrutura de relatório financeiro aplicável, ou seja, um padrão estabelecido, que no Brasil é denominado de práticas contábeis brasileiras e compreendem:

- legislação societária;
- Normas Brasileiras de Contabilidade, emitidas pelo CFC;
- pronunciamentos, interpretações e orientações emitidos pelo Comitê de Pronunciamentos Contábeis (CPC) e homologados pelos órgãos reguladores; e
- práticas adotadas pelas entidades em assuntos não regulados, desde que atendam à NBC T1 — Estrutura Conceitual para a Elaboração e Apresentação das Demonstrações Contábeis, emitida pelo CFC, e, por conseguinte, em consonância com as normas contábeis internacionais.

O auditor deve ser independente, não podendo deixar-se influenciar por fatores estranhos, por preconceitos ou quaisquer outros elementos materiais ou afetivos que resultem perda, efetiva ou aparente, de sua independência.

Razões de perda da independência: relação familiar; relação de trabalho; participação direta ou indireta como acionista ou sócio; interesse financeiro; função ou cargo incompatível; fixado honorários condicionais ou incompatíveis e qualquer outra situação de conflito de interesses.

A responsabilidade do auditor fica restrita à sua competência profissional, quando o especialista legalmente habilitado for contratado pela entidade auditada.

A natureza do procedimento de auditoria refere-se à sua finalidade (teste de controle ou procedimento substantivo) e ao seu tipo (inspeção, observação, indagação, confirmação, recálculo, reexecução ou procedimento analítico). A natureza dos procedimentos de auditoria é de suma importância na resposta aos riscos avaliados.

Os procedimentos de auditoria das demonstrações financeiras são os exames, incluindo testes de observância e testes substantivos, que permitem ao auditor obter provas (evidências) suficientes para fundamentar suas conclusões e recomendações.

- Testes de observância: visam verificar se os controles internos estabelecidos pela administração estão em efetivo funcionamento.
- Testes substantivos: visam à obtenção de evidência quanto à suficiência, exatidão e validade dos dados e envolvem: a) testes de transações e saldos, e b) procedimentos de revisão analítica.

O auditor, ao aplicar os testes substantivos, deve objetivar obter as seguintes conclusões: existência, ocorrência, abrangência, direitos e obrigações, apresentação, divulgação e mensuração.

As evidências representam as informações que fundamentam os resultados da auditoria. Elas devem ser suficientes, fidedignas, relevantes e úteis e devem ser devidamente registradas em documentação de auditoria, que compreendem o conjunto de documentos e apontamentos com informações e provas coligidas pelo auditor, que fundamentam sua opinião verbalizada no relatório.

Enquanto o auditor independente deve planejar seu trabalho avaliando o risco de sua ocorrência, de forma a detectar fraudes e erros que impliquem efeitos relevantes nas demonstrações financeiras, pois a responsabilidade primária na sua prevenção e identificação é da administração por meio de um adequado sistema contábil e de controle interno. O auditor interno deve assessorar a administração no trabalho de prevenção de erros e fraudes, obrigando-se a informá-la, de maneira reservada, sobre quaisquer indícios ou confirmações de erros ou fraudes detectados no decorrer de seu trabalho.

Fraude corresponde a atos voluntários de omissão e manipulação de transações e operações, adulteração de documentos, registros, relatórios e demonstrações financeiras, tanto em termos físicos quanto monetários e pode envolver:

- manipulação, falsificação ou alteração de registros ou documentos, de modo a modificar os registros de ativos, passivos e resultados;
- apropriação indébita de ativos;
- supressão ou omissão de transações nos registros contábeis;
- registro de transações sem comprovação; e
- aplicação de práticas contábeis indevidas.

Como erro, entende-se os atos involuntários de omissão, desatenção, desconhecimento ou má interpretação de fatos na elaboração de registros e demonstrações financeiras, bem como de transações e operações, e pode envolver:

- erros aritméticos na escrituração contábil ou nas demonstrações financeiras;
- aplicação incorreta das normas contábeis;
- interpretação errada das variações patrimoniais.

Consoante imposição normativa, "Ao detectar erros relevantes ou fraudes no decorrer dos seus trabalhos, o auditor tem a obrigação de comunicá-los à administração da entidade e sugerir medidas corretivas, informando sobre os possíveis efeitos no seu parecer, caso elas não sejam adotadas".

As condições ou eventos que representem aumento de risco de fraude ou erro incluem:

- estrutura ou atuação inadequada da administração da entidade auditada ou de algum dos seus membros;
- pressões internas e externas;
- transações que pareçam anormais;
- problemas internos no cumprimento dos trabalhos de auditoria;
- fatores específicos no ambiente de sistemas de informação computadorizados.

O trabalho de auditoria deve ser devidamente planejado. Essa fase do processo auditorial compreende os exames preliminares para definir a amplitude do trabalho a ser realizado de acordo com os objetivos da auditoria.

O planejamento deve considerar todos os fatores relevantes na execução dos trabalhos, especialmente:

- o conhecimento detalhado dos sistemas contábil e de controles internos e seu grau de confiabilidade;
- a natureza, oportunidade e extensão dos procedimentos de auditoria;
- a existência de entidades associadas, filiais e partes relacionadas;
- o uso do trabalho de especialistas e outros auditores;
- os ciclo operacionais relacionados com volume de transações e operações;
- o conhecimento das atividades operacionais, como suporte para a análise eficaz dos procedimentos e sistemas de Contabilidade de Custos;
- o conhecimento da execução orçamentária, tanto operacional como de investimentos, no sentido de verificar a exatidão de apropriação dos valores, se os desvios estão sendo controlados e adotadas ações corretivas.

Segundo o CFC, "a relevância deve ser considerada pelo auditor quando: a) determinar a natureza, oportunidade e extensão dos procedimentos de auditoria; b) avaliar o efeito das distorções sobre os saldos, denominações e classificação das contas; e c) determinar a adequação da apresentação e da divulgação da informação contábil".

Nessa fase, também são realizados o estudo e a avaliação do sistema contábil e de controles internos.

O planejamento em uma primeira auditoria contempla: saldos de abertura do exercício que não contenham representações errôneas; adequação dos saldos de encerramento do exercício anterior com os saldos de abertura; práticas contábeis adotadas no atual exercício são uniformes; fatos relevantes e eventos subsequentes ao exercício anterior.

O auditor considera a relevância para determinar a natureza, oportunidade e extensão dos procedimentos de auditoria; avaliar o efeito das distorções sobre os saldos, denominações e classificação das contas e determinar a adequação da apresentação e da divulgação da informação.

O risco de auditoria é a possibilidade de o auditor vir a emitir uma opinião tecnicamente inadequada sobre demonstrações financeiras significativamente incorretas. Para sua determinação, o auditor deve compreender:

- a função e envolvimento dos administradores;
- a estrutura organizacional e os métodos de administração quanto a limites de autoridade e responsabilidade;
- as políticas de pessoal e segregação de funções;
- normas para inventário, para conciliação de contas, preparação de demonstrações contábeis;
- implantações, modificações e acesso aos sistemas;
- sistema de aprovação e registro de transações;
- as limitações de acesso físico a ativos e registros, e as comparações e análises dos resultados financeiros com dados históricos e/ou projetados.

O auditor deve dispor de conhecimento suficiente dos recursos de tecnologia da informação e dos sistemas de processamento da entidade, a fim de avaliá-los e planejar adequadamente seu trabalho.

No uso de procedimentos que demandem o emprego de recursos de tecnologia da informação, o auditor deve dominar essas técnicas, de forma a implementá-las ou, se for o caso, orientar, supervisionar e revisar os trabalhos de especialistas.

Na supervisão dos trabalhos, o auditor deve:

- avaliar o cumprimento do planejamento e do programa;
- avaliar se as tarefas distribuídas à equipe técnica estão sendo cumpridas no grau de competência exigido;
- resolver questões significativas quanto à aplicação dos Princípios Fundamentais;
- avaliar se os trabalhos foram adequadamente documentados; e
- avaliar se as conclusões obtidas são resultantes dos trabalhos executados.

O controle de qualidade do auditor inclui a avaliação permanente da carteira dos clientes, quanto aos seguintes aspectos: capacidade de atendimento ao cliente, em face da estrutura existente; grau de independência existente; e integridade dos administradores do cliente.

Os seguintes pressupostos deverão ser adotados pelo auditor na análise da continuidade da entidade auditada: a) indicadores financeiros: passivo a descoberto; posição negativa do capital circulante líquido; empréstimos com prazo fixo e vencimentos imediatos, sem possibilidade de renovação pelos credores; excessiva participação de empréstimos de curto prazo, sem a possibilidade de alongamento das dívidas ou capacidade de amortização; índices financeiros adversos de forma contínua; prejuízos substanciais de operação e de forma contínua; retração ou descontinuidade na distribuição de resultados; incapacidade de devedores na data do vencimento; dificuldades de acertos com credores; alterações ou renegociações com credores e incapacidade de obter financiamentos para desenvolvimento de novos negócios ou produtos, e inversões para aumento da capacidade produtiva; b) indicadores de operação: perda de elementos-chave; perda de mercado; dificuldades de manter mão de obra; e c) outras indicações: não cumprimento de normas legais; contingências e mudanças das políticas governamentais. Há continuidade quando ocorre normalidade no prazo de um ano contado a partir da data das demonstrações financeiras.

O sistema contábil e de controles internos compreende o plano de organização e o conjunto integrado de métodos e procedimentos adotados pela entidade na proteção do seu patrimônio, promoção da confiabilidade e tempestividade dos seus registros e demonstrações financeiras, e da sua eficácia operacional.

O auditor deve efetuar o estudo e avaliação do sistema contábil e de controles internos da entidade, como base para determinar a natureza, oportunidade e extensão da aplicação dos procedimentos de auditoria, considerando: o tamanho e complexidade das atividades; os sistemas de informação contábil; as áreas de risco de auditoria; natureza da documentação; o grau de descentralização; grau de envolvimento da auditoria interna.

A avaliação do ambiente de controle existente deve considerar: a definição de funções; o processo decisório; a estrutura organizacional; as políticas de pessoal e segregação de funções e o sistema de controle da administração.

A avaliação dos procedimentos de controle deve considerar: as normas para elaboração de demonstrações contábeis; a elaboração, revisão e aprovação de conciliações; a sistemática revisão da exatidão aritmética dos registros; a adoção de sistemas de informação; os controles adotados sobre as contas; o sistema de aprovação e a guarda de documentos; a comparação de dados internos com fontes externas de informação; os procedimentos de inspeções físicas periódicas; a limitação do acesso físico a ativos e registros; e a comparação dos dados realizados com os dados projetados.

Concluindo a fase de planejamento, o auditor deve elaborar o plano e os programas de auditoria.

O plano de auditoria corresponde à documentação do planejamento. Os programas de trabalho detalham as ações necessárias para a compreensão dos procedimentos que serão aplicados, em termos de natureza, oportunidade e extensão. Eles devem ser estruturados de forma a servir como guia e meio de controle, porém devem ser revisados e/ou atualizados quando necessário.

No que tange à aplicação dos procedimentos, o auditor deve obter, analisar, interpretar e documentar as informações físicas, contábeis, financeiras e operacionais para dar suporte aos resultados de seu trabalho.

A aplicação dos procedimentos de auditoria, devidamente supervisionada, deve ser definida antecipadamente e modificada quando necessário.

Procedimentos adequados devem ser adotados para assegurar-se de que todas as contingências ativas e passivas foram identificadas e são do conhecimento da administração.

Outros aspectos que devem ser considerados pelo auditor são as legislações tributária, trabalhista e societária, bem como o cumprimento de normas reguladoras.

Os principais procedimentos básicos de auditoria são:

- inspeção: exame de registros, documentos e de ativos tangíveis;
- observação: acompanhamento de processo ou procedimento quando de sua execução;
- confirmação: obtenção de informações junto a pessoas ou entidades conhecedoras da transação do auditado;

- recálculo: conferência da exatidão aritmética de documentos comprobatórios, registros e demonstrações contábeis e outras circunstâncias;
- reexecução: nova execução pelo auditor de procedimentos originalmente realizados pelo controle interno do auditado; e
- revisão analítica: verificação do comportamento de valores significativos, mediante índices, quocientes, quantidades absolutas ou outros meios, com vistas à identificação de situação ou tendências atípicas.

Na aplicação dos testes de observância, o auditor deve verificar a existência, efetividade e continuidade dos controles internos. Na aplicação dos testes substantivos, o auditor deve objetivar as seguintes conclusões: existência — se o componente patrimonial existe em certa data; direitos e obrigações — se efetivamente existentes em certa data; ocorrência — se a transação de fato ocorreu; abrangência — se todas as transações estão registradas; e mensuração, apresentação e divulgação — se os itens estão avaliados, divulgados, classificados e descritos, de acordo com os Princípios de Contabilidade e as Normas Brasileiras de Contabilidade.

A documentação de auditoria, que compreende o conjunto de documentos e apontamentos com informações e provas coligidas pelo auditor, deve registrar todos os elementos significativos dos exames realizados, que evidenciem ter sido a auditoria executada de acordo com as normas aplicáveis.

As principais características da documentação de auditoria são:

- propicia a compreensão do planejamento, da natureza, da oportunidade e extensão dos procedimentos;
- propicia a compreensão do julgamento exercido e do suporte das conclusões;
- elaborada, organizada e arquivada de forma sistemática e racional.

O auditor deve certificar a exatidão das análises, demonstrações ou quaisquer outros documentos que integrem a documentação de auditoria.

Na aplicação dos procedimentos de revisão analítica, o auditor deve considerar: o objetivo dos procedimentos e o grau de confiabilidade dos resultados alcançáveis; a natureza da entidade e o conhecimento adquirido nas auditorias anteriores e a disponibilidade de informações, sua relevância, confiabilidade e comparabilidade.

A amostragem estatística pode ser empregada no processo de determinação da extensão de um teste, assim como na seleção dos itens a serem testados.

Na determinação da amostra o auditor deve levar em consideração: população objeto; estratificação; tamanho; risco; erro tolerável e erro esperado. Na seleção de amostra devem ser considerados: seleção aleatória sistemática, observando um intervalo constante entre as transações realizadas e casual, a critério do auditor, baseada em sua experiência profissional.

O relatório de auditoria é a comunicação oficial da opinião obtida em função dos trabalhos realizados. Ele deve ser redigido em conformidade com os requisitos estabelecidos em normas próprias.

O relatório de auditoria é o documento mediante o qual o auditor expressa sua opinião, de forma clara e objetiva, sobre as demonstrações financeiras nele indicadas. Classifica-se em opinião não modificada (sem ressalva) e opinião modificada (com ressalva adverso e abstenção de opinião).

Referências bibliográficas

ALMEIDA, Marcelo Cavalcanti. *Auditoria*: um curso moderno e completo. 6. ed. São Paulo: Atlas.

ARAÚJO, Francisco José de. *Grau de compreensão dos pareceres de auditoria*. Rio de Janeiro: UERJ, 1997.

ARAÚJO, Inaldo da Paixão S. Instituição de Sistema de Controle Interno no âmbito municipal. *Revista do Tribunal de Contas do Estado de Minas Gerais*, v. 42, n. 1, p. 101-122, jan./mar. 2002.

ARAÚJO, Inaldo da Paixão S. *Introdução à auditoria*: breves apontamentos de aula. Salvador: [s. e.], 1998.

ARAÚJO, Inaldo da Paixão S. *Introdução à auditoria operacional*. Rio de Janeiro: FGV, 2001.

ARAÚJO, Inaldo da Paixão S. O auditor público perante a ética profissional. In: Encontro Técnico do Tribunal de Contas do Estado da Bahia, 1, 1995, Salvador. *Anais*... Salvador: TCE/BA, 1992.

ARAÚJO, Inaldo da Paixão S.; ARRUDA, Daniel Gomes; BARRETTO, Pedro Humberto Teixeira. *Auditoria contábil*. São Paulo: Saraiva, 2009.

ARENS, ALVIN A.; LOEBBECKE; JAMES K. *Auditoría* — un enfoque integral. 6. ed. México: Prentice Hall Hispanoamericana, 1996.

ATTIE, William. *Auditoria interna*. São Paulo: Atlas, 1992.

ATTIE, William. *Auditoria*: conceitos e aplicações. São Paulo: Atlas, 1984.

BARBETTA, Pedro Alberto. *Estatística aplicada às ciências sociais*. 4. ed. Florianópolis: Editora da UFSC, 2001.

BARNES, D. M. *Value-for-money audit evidence*. Canada: The Canadian Institute of Chartered Accountants, 1991.

BEASLEY, Mark S. *Auditing*. San Diego: The Dryden Press, 1996.

BORJA, Rene Fonseca. *Auditoria interna*: um enfoque moderno de planificación ejecucion y control. Quito: Corporación Edi — Abaco Cía. Ltda. 1989.

BOYNTON, William C.; JOHNSON, Raymond; KELL, Walter G. N *Auditoria*. São Paulo: Atlas, 2002.

BRASIL. Conselho Federal de Contabilidade. *Resolução n. 1.201/09*, 2 de dezembro de 2009. Aprova a NBC PA 01 — Controle de Qualidade para Firmas (Pessoas Jurídica e Física) de Auditores Independentes. Disponível em: <http://www.cfc.gov.br>.

BRASIL. Conselho Federal de Contabilidade. *Decreto n. 1.171*, 22 de junho de 1994. Aprova o Código de Ética Profissional do Servidor Público Civil do Poder Executivo Federal. Disponível em: <http://www.planalto.gov.br>.

BRASIL. Conselho Federal de Contabilidade. *Lei n. 6.404*, 15 de dezembro de 1976. Dispõe sobre as Sociedades por Ações, com alterações. Disponível em: <http://www.planalto.gov.br>.

BRASIL. Conselho Federal de Contabilidade. Comissão de Valores Imobiliários. *Instrução CVM n. 308*, 14 de maio de 1999. Dispõe sobre o registro e o exercício da atividade de auditoria independente no âmbito do mercado de valores mobiliários, define os deveres e as responsabilidades dos administradores das entidades auditadas no relacionamento com os auditores independentes, e revoga as Instruções CVM n. 216, de 29 de junho de 1994, e 275, de 12 de março de 1998. Disponível em: <http://www.cvm.gov.br>.

COSTA, Carlos Baptista. *Auditoria financeira* — teoria e prática. 5. ed. Lisboa: Reis dos Livros, 1995.

CRESPO, Antônio Arnot. *Estatística fácil*. 13. ed. São Paulo: Saraiva, 1995.

EVERARD, P., WOLTER; D. *Seleções de termos e expressões utilizados em matéria de auditoria externa das finanças públicas*. Sydney: Intosai, 1989.

FRANCO, Hilário; MARRA, Ernesto. *Auditoria contábil.* 2. ed. São Paulo: Atlas, 1995.

GIOVE, Frank C. *The essentials of auditing.* New Jersey: Research & Education Association, 1998.

GUZMÁN, Genaro Soriano. *La auditoria interna en el processo administrativo.* República Dominicana. Editorial Cenapec, 1992.

INTERNATIONAL FEDERATION OF AUTOMATIC CONTROL (IFAC). *Guia de orientação sobre auditoria internacional,* n. 5.

INSTITUTO BRASILEIRO DE CONTADORES (Ibracon). *Princípios contábeis; normas e procedimentos de auditoria.* São Paulo: Atlas, 1988.

INSTITUTO LATINO AMERICANO DE CIÊNCIAS FISCALIZADORAS (Ilacif). *Manual latinoamericano de auditoria profesional en el sector publico.* 3. ed. Bogotá: Ilacif, 1981.

KELL, Walter G.; BOYNTON, William C. *Auditoría moderna.* 2. ed. México: Continental, 1995.

LONGO, Cláudio Gonçalo. *Manual de auditoria e revisão de demonstrações financeiras.* São Paulo: Atlas, 2011.

LOPES, Paulo Afonso. *Probabilidades e estatísticas.* Rio de Janeiro: Reichmann & Affonso, 2001.

MAGALHÃES, Antonio de Deus F.; LUNKES, Irtes Cristina; MULLER, Aderbal Nicolas. *Auditoria das organizações*: metodologias alternativas ao planejamento e à operacionalização dos métodos e das técnicas. São Paulo: Atlas, 2001.

MOTTA, João Maurício. *Auditoria*: princípios e técnicas. 2. ed. São Paulo: Atlas, 1992.

OLIVEIRA, Luís Martins de.; PEREZ JUNIOR, José Hernandez. *Auditoria de demonstrações contábeis*: testes, casos práticos e exercícios. São Paulo: Atlas, 2004.

OLIVEIRA, Paulo Henrique F.C. *Amostragem básica*: aplicação em auditoria. Rio de Janeiro: Ciência Moderna, 2004.

ORGANIZAÇÃO INTERNACIONAL DE ENTIDADES FISCALIZADORAS SUPERIORES (Intosai). *Código de ética e normas de auditoria.* Trad. de Inaldo da Paixão Santos Araújo e Tribunal de Contas da União. Salvador: Tribunal de Contas do Estado da Bahia, 2005.

ORGANIZAÇÃO INTERNACIONAL DE ENTIDADES FISCALIZADORAS SUPERIORES (Intosai). Diretrizes para aplicação de normas de auditoria operacional: normas e diretrizes para auditoria operacional baseadas nas normas de auditoria e na experiência prática da Intosai. Trad. de Inaldo da Paixão Santos Araújo e Cristina Maria Cunha Guerreiro. Salvador: Tribunal de Contas do Estado da Bahia, 2005.

ORGANIZAÇÃO INTERNACIONAL DE ENTIDADES FISCALIZADORAS SUPERIORES (Intosai). *Normas de auditoria.* Salvador: TCE, 1995.

PAPELLÁS FILHO, Francisco. Algumas reflexões sobre independência profissional. *Boletim do Ibracon.* São Paulo, n. 263, p. 2-7, abr. 2000.

PEREZ JÚNIOR, José Hernandez *Auditoria de demonstrações contábeis*: normas e procedimentos. 3. ed. São Paulo: Atlas, 2004.

SÁ, Antonio Lopes; SÁ, A. M. Lopes. *Dicionário de contabilidade.* 8. ed. São Paulo: Atlas, 1990.

SÁ, Antonio Lopes. *Curso de auditoria.* 7 ed. São Paulo: Atlas, 1995

SANDRONI, Paulo. *Novíssimo dicionário de economia.* 3. ed. São Paulo: Best-Seller, 1999.

STERCK, Miekatrien; SCHEERS, Bram; BOUCKAERT, Geet. *The modernization of the public control pyramid*: internation trends. Bélgica: Bestuurlijke Organisatie Vlaanderen, 2005.